人力资源管理

高效工作法

杨光瑶◎编著

中国铁道出版社有限公司
CHINA RAILWAY PUBLISHING HOUSE CO., LTD.

图书在版编目（CIP）数据

人力资源管理高效工作法 / 杨光瑶编著 . —北京：中国
铁道出版社有限公司，2022.11
　ISBN 978-7-113-29622-3

　Ⅰ . ①人… Ⅱ . ①杨… Ⅲ . ①人力资源管理 Ⅳ . ① F243

中国版本图书馆 CIP 数据核字（2022）第 166056 号

书　　名：人力资源管理高效工作法
　　　　　RENLI ZIYUAN GUANLI GAOXIAO GONGZUO FA
作　　者：杨光瑶

责任编辑：王　佩　张文静　编辑部电话：（010）51873459　电子邮箱：285862601@qq.com
封面设计：宿　萌
责任校对：安海燕
责任印制：赵星辰

出版发行：中国铁道出版社有限公司（100054，北京市西城区右安门西街 8 号）
印　　刷：三河市宏盛印务有限公司
版　　次：2022 年 11 月第 1 版　2022 年 11 月第 1 次印刷
开　　本：710 mm×1 000 mm 1/16　印张：15.25　字数：172 千
书　　号：ISBN 978-7-113-29622-3
定　　价：69.80 元

前言

作为人事工作者，在企业中生存除了具备相关工作经验外，还应该懂得职场人士的生存法门——有效利用工作时间，即使面对大量的工作也能有条不紊地完成。在此基础上，面对各项基础人事工作，包括人力资源规划、招聘管理和员工关系管理等，如何能够高效完成，相信对所有人事工作者都是一个考验。有的人事工作者是"经验派"，有的是"方法派"。

在过去，很多传统的人事工作者根据自己的经验，相信熟能生巧，因而忽略了方法和工具的重要性。其实，用对了方法和技巧，能快速厘清工作的思路、缩短工作时长、找准工作要点，再结合自身经验，能让我们成为更优秀的人事工作者。

面临不同类型的工作，人事工作者需要掌握的工作技巧各有不同。比如人力资源规划注重目标的制定和分解，所以更应掌握目标管理的方法；招聘工作则更注重流程的合理性，厘清环节先后很重要；对员工关系进行管理，那么必要的沟通技巧和沟通工具的使用就显得很重要了。

这一系列的工作技巧和工具使用，很多人事工作者可能难以系统地掌握，为此，我们编著了本书。通过阅读本书，希望可以帮助读者学会各种职场所需的工作技能，更重要的是掌握人事工作的处理方式，了解各种高效的、实用的工具，让复杂的工作简单化。

本书共 9 章，分为三部分。

◆ 第一部分为第 1 ~ 6 章,这部分针对各种各样的工作技巧进行介绍，帮助人事工作者做好日常工作和人事基本工作。主要内容包括科学管理时间、做好目标计划、掌握基本工作技巧和自我管理方法，以及了解沟通策略和工作笔记的记录方式等。

◆ 第二部分为第 7 章，这部分从人事工作者的思维入手，打破原有的、传统的思维，让其从更全面的角度看待人事工作。主要内容包括逻辑思维的建立，抓住重点工作;团队合作思维，提高团队凝聚力;业务思维，将业务与人力资源联系起来。

◆ 第三部分为第 8 ~ 9 章，这部分主要讲工具的使用和基本操作，除了常见的 Office 软件工具，还对云盘、网络会议软件、新媒体内容编辑和海报制作等工具进行了详细说明，使读者能简单、快速地上手操作，大大提高工作效率。

本书介绍了人事工作者处理工作的多种技巧，并利用丰富的故事、案例、表格和图示降低枯燥感，且通过实际的操作步骤使读者了解各种软件的使用方法，帮助读者全面掌握不同的管理方法和思维方式，快速地学习和成长。

最后，希望所有读者都能从本书中学到想学的知识和技巧，成为一名优秀的人事工作者。

编　者

2022 年 5 月

目录

第1章 科学管理时间，学会合理安排人事工作

我们每天的工作时间都是固定的，仅有8小时，但是工作有时很多，要想更有效率地利用好上班时间处理工作，必须学习和应用时间管理。作为人事工作者，需要了解几种常见的时间管理方法。

第2章 定好目标计划，助力人力资源规划达成

人事工作者要做好各项人事工作，一定要事先制订人力资源计划，由于人事工作涉及部门和人员众多，流程也较多，因此若没有相应的目标计划，在工作时可能毫无章法，浪费大量的人力、物力。

第3章 掌握工作技巧，做最得力的 HR

人事工作繁杂且涉及因素较多，人事工作者要懂得基本的工作技巧，才能更游刃有余地处理有关工作。除此以外，还要懂得利用软件工具和固定模板，以提高工作效率。

第 4 章 自我控制管理,果断行动培养良好习惯

员工想要在职场中生存,进行自我管理是必要的,有了良好的工作习惯才能有效地处理工作中的问题,才能在工作中不断地成长,最后在公司发展和自我提升上获得"双赢"。

第 5 章　高效沟通策略，跨部门合作必备技能

　　企业内部各部门间连接紧密，为了企业的发展，各部门员工能友好协作，各自贡献自己的力量，共同完成工作，掌握沟通的技巧尤为重要，尤其对于人力资源部的员工来说，需要经常与各部门打交道，沟通能力更是工作能力中的一项重要能力。

第 6 章　主动记录汇报，让工作笔记条理清晰

对于工作中的复杂事项及重点，不认真梳理很有可能会打乱我们的工作计划，影响工作的效率。人事工作者应该掌握各种笔记记录的方法，并利用高效的手机工具，将琐碎的工作变得有条不紊。

第7章 HR思维法，用管理者的视角解决问题

作为一名优秀的HR，仅将工作着眼于基本的人事事务是不够的，应该发散思维，从整体上了解企业，这样才能明白人力资源部在企业中的整体价值，从而发挥自己的才能，为企业发展助力。

第8章 Office软件，HR高效工作的神器

人事工作者不可避免地要制作一些工作表格，制作各项管理规章和制度，或是草拟合同及报告，这就需要用到Office软件。Office软件操作较为复杂，人事工作者要掌握一些基本的操作技巧才能提高使用效率，进而提高工作效率。

第 9 章　互联网时代，善用工具移动协同办公

　　人事工作者作为职场人士，一定会面对职场中各种各样的烦琐工作，如制作活动海报、发布招聘启事和编写劳动合同等，这些基础而琐碎的工作可能会耗费很多时间，如果懂得借助一些工具，可达到事半功倍的效果。

第 1 章

科学管理时间，学会合理安排人事工作

　　我们每天的工作时间都是固定的，仅有 8 小时，但是工作有时很多，要想更有效率地利用好上班时间处理工作，必须学习和应用时间管理。作为人事工作者，需要了解几种常见的时间管理方法。

1. 自我测试法，了解你的时间花在哪里

人事工作千头万绪，要与不同部门的人打交道，还要处理各种类型的人事工作，包括招聘、员工培训和员工绩效考核等，要处理好这些工作，需要人事工作者做好时间规划，树立时间管理意识。

而要有序规划时间，首先就要了解自己的时间都花在哪里了，我们可以通过简单的时间管理能力自我测试，来了解自己的时间管理倾向。如下所示为一套常见的测试题。

案例实操

设计时间管理能力测试题

本套测试题共有 15 道单选题目，每个题目都有 5 个备选答案，请根据自己的实际情况或想法如实选择。

1. 每天处理的任务都具有很高的优先级别。

☐很不同意 ☐不同意 ☐一般 ☐同意 ☐很同意

2. 经常到最后时刻才能完成任务，或者还提出需要获得延期。

☐很不同意 ☐不同意 ☐一般 ☐同意 ☐很同意

3. 留出做计划以及做预先时间安排的时间段。

☐很不同意 ☐不同意 ☐一般 ☐同意 ☐很同意

4. 清楚您完成各种不同任务所需要花费的时间。

☐很不同意 ☐不同意 ☐一般 ☐同意 ☐很同意

5. 经常在完成某个任务时被打断，而需要处理其他事宜。

☐很不同意 ☐不同意 ☐一般 ☐同意 ☐很同意

6. 使用目标设定的方法来决定哪些任务与活动必须被完成。

☐很不同意 ☐不同意 ☐一般 ☐同意 ☐很同意

7. 在预计时间的时候放一些余量，以备不时之需。

☐很不同意 ☐不同意 ☐一般 ☐同意 ☐很同意

8. 清楚您正在处理的任务的优先级别。

☐很不同意 ☐不同意 ☐一般 ☐同意 ☐很同意

9. 被赋予一个新的任务时，会评估该项任务的重要性与紧急程度。

☐很不同意 ☐不同意 ☐一般 ☐同意 ☐很同意

10. 对于任务的最后期限与承诺，会感到厌烦。

☐很不同意 ☐不同意 ☐一般 ☐同意 ☐很同意

11. 经常会在完成重要任务的时候分心，或被分散注意。

☐很不同意 ☐不同意 ☐一般 ☐同意 ☐很同意

12. 必须将工作带回家才能完成。

☐很不同意 ☐不同意 ☐一般 ☐同意 ☐很同意

13. 有意识地区分您的"任务清单"或者"行动计划表"。

☐很不同意 ☐不同意 ☐一般 ☐同意 ☐很同意

14. 能主动与上级就被分配任务的优先级别进行沟通。

☐很不同意 ☐不同意 ☐一般 ☐同意 ☐很同意

15. 接受一个新任务时，会检查该任务的结果是否值得时间投入。

□很不同意　□不同意　□一般　□同意　□很同意

通过测试，人事工作者可以查看自己的最终得分，得分越高，代表时间管理能力越强。与时间管理有关的能力，包括目标设定能力、区分主次能力、抗干扰能力、克服拖延能力和计划能力。只有当人事工作者具备了这些能力，才能更好地安排工作时间。

2. 番茄工作法，让破碎的注意力集中

要想做好时间管理，我们除了规范自己的行为外，还需要借助一些有效的时间管理方法才行，番茄工作法就是一种非常简单易行的时间管理方法。

所谓"番茄工作法"就是选择一项工作任务，设置"番茄时间"，一个"番茄时间"为 25 分钟，在一个"番茄时间"内专注工作，不做与任务无关的事，直到番茄时钟响起，可以短暂休息（一般为 5 分钟），然后进入下一个"番茄时间"。每 4 个"番茄时间"可获得较长的休息（一般为 25 分钟）。

因为人的注意力是有时间限制的，很难长时间集中，时间一长就可能走神，"番茄时间"刚好规避了这一弱点，而且操作简单，人事工作者可以马上操作起来，不过还需要注意以下一些要点。

- ◆ 一个"番茄时间"（25 分钟）不可分割，不存在半个或一个半"番茄时间"。
- ◆ 一个"番茄时间"内如果做与任务无关的事情，则该"番茄时间"作废。
- ◆ 不要在非工作时间内使用"番茄工作法"。
- ◆ 不要拿自己的番茄数据与他人的番茄数据比较。

◆ "番茄时间"的数量不可能决定任务最终的成败。

◆ 必须有一份适合自己的作息时间表。

在实际操作时，人事工作者最好按照图1-1所示的基本流程，这样可以帮助我们厘清工作的基本思路，使工作变得更加游刃有余。

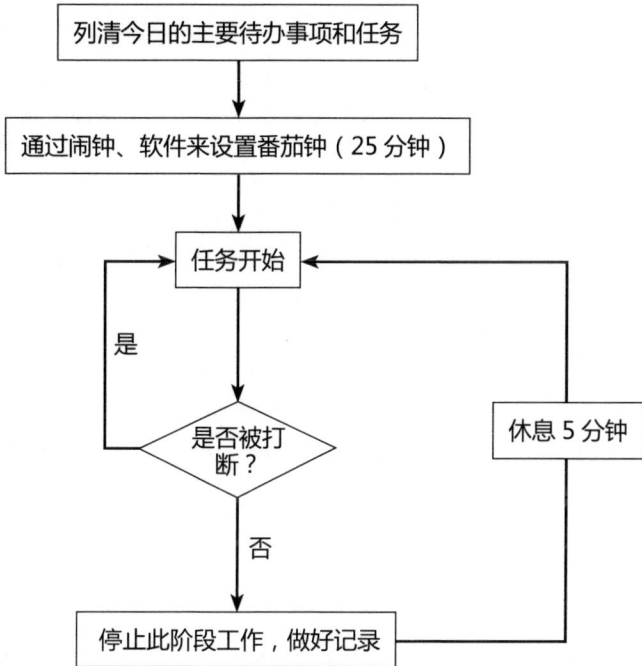

图1-1 "番茄工作法"操作基本流程

在实际工作中，可能很多工作的安排会打乱我们既定的计划，为了减少被打断的次数，人事工作者可以将临时任务记录下来，完成当下任务后再集中解决，当然刻不容缓的临时任务除外。为此，可以编制一份表格，用以记录计划中和计划外的工作任务，见表1-1。

表 1-1 计划待办表格

今日待办		年 月 日
待办事项	进 度	完成情况
计划外紧急		
1.		
2.		
3.		
4.		

除了传统的操作方法外，人事工作者还要懂得利用 App 来管理时间。由于网络和手机软件的发展，职场人士也要逐渐适应各种工作软件的操作，可以极大地提高我们的工作效率。

案例实操

用"小番茄"App 记录当天的工作任务

现在市面上有很多款工作 App 都有"番茄时间管理功能"，人事工作者可以任意下载一款。以下载"小番茄"App 为例，打开软件，即可进入计时页面。

单击上方的下拉按钮，即可进入设置界面，注册登录后即可添加近期的工作任务，如选择"今天"选项，即可添加今天的工作任务，如图 1-2 所示。

图1-2　进入任务添加界面

在打开的界面，单击"添加任务"按钮，即可设置任务名称、"番茄时间"个数和优先程度等基本任务属性，单击任务后的"播放"按钮即可开始番茄计时，如图1-3所示。

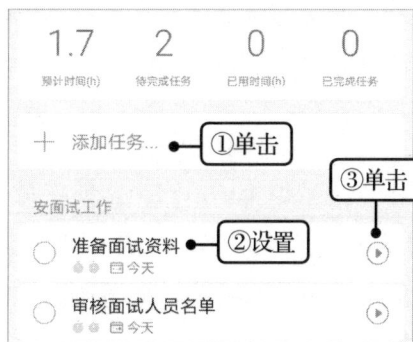

图1-3　设置任务属性

通过上例所示的软件操作，我们可以舍弃手机闹钟和纸质清单，更加方便高效地使用番茄工作法来提高我们的工作效率。

3. 四象限区分法，将人事工作分轻重缓急

四象限区分法是美国管理学家斯蒂芬·科维提出的时间管理理论，把工作按照重要和紧急两个不同的维度进行了划分，基本上可以分为四个"象限"。

- ◆ 重要且紧急。
- ◆ 重要但不紧急。
- ◆ 不重要但紧急。
- ◆ 既不重要也不紧急。

通常来说，我们对工作事项的处理顺序划分：首先是既紧急又重要的，接着是重要但不紧急的，然后是紧急但不重要的，最后才是既不紧急也不重要的。但有时也会先处理紧急但不重要的事情，后处理重要但不紧急的事情。通过四象限法我们可以对繁杂的工作任务进行分类，然后按主次划定时间顺序。

第一象限。该象限指重要且紧急的事，在这一象限的工作任务具备时间紧迫性和重要性，所以必须优先解决。如招聘工作的安排、员工的培训活动等。

第二象限。该象限指重要但不紧急的事，通常是对人事工作者来说一直很重要的事项，或是人事工作者的基本工作。在这四象限中，我们应该尽量将该象限的内容比例提高，减少第一象限的内容，尽量将自己的工作节奏变得舒缓，而不是忙碌。

第三象限。该象限指不重要但紧急的事，人事工作者要注意区分这种工作事项，要知道紧急的事并不代表一定很重要，比如突然来了普通访客，需要马上接待，这种不重要的事虽然影响不大，却会占据很多时间，还有可能打乱我们原有的计划。

第四象限。该象限指既不重要也不紧急的事项，即工作中的一些琐事，这些琐事却常常占据我们较多的时间，所以人事工作者一定要引起注意。

图 1-4 为这四个象限的具体展现。

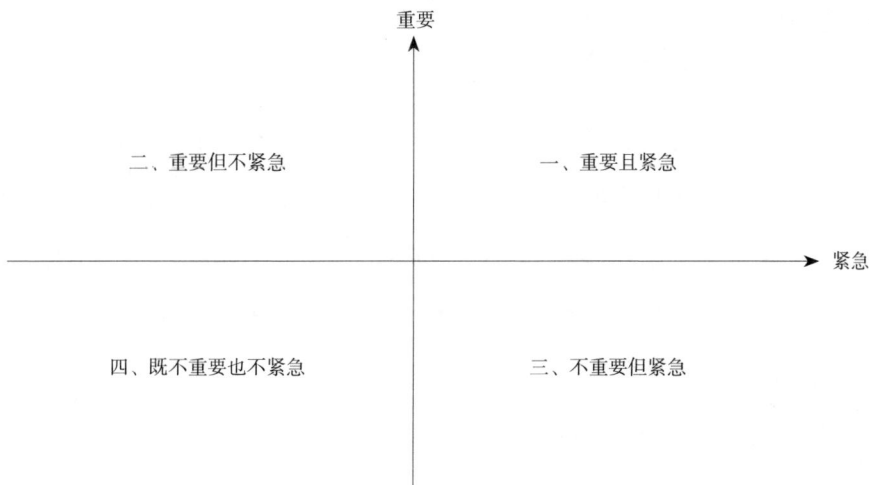

图 1-4　四象限区分法图示

对于这四象限的不同类事项，有对应的处理规则，人事工作者需要了解并且努力做到。

①对于第一象限的重要且紧急的工作事项，处理方式就是马上做，而作为职场人士，这一象限的事项总是很多或一直存在，说明你的时间管理有很大的问题，一定要设法减少此类事项。

②对于第二象限的重要但不紧急的工作事项，人事工作者要做好相应计划，先做哪些，后做哪些，列好计划后依次去完成。

③对于第三象限的不重要但紧急的事情，最好的处理方式就是授权给相关人员，让别人去做。如突然有访客，可以安排其他员工替自己接待。

④对于第四象限的既不重要也不紧急的事项，人事工作者要尽量少做或者不做，只有减少该象限的工作内容，才能腾出更多时间来做其他象限的事。

我们在日常工作中，如何利用四象限法来划分相关的工作内容，处理工作事项呢？一起来看下例。

案例实操

使用四象限法安排工作

张某是某公司业务经理的秘书，由于处理的工作事项太多太杂，所以开始使用四象限法来管理自己的工作时间。这天，在上班前半个小时，他将今天一整天的工作进行梳理，列出一份清单。

①按公司的基本要求预约合适的餐厅，以便下周接待XL公司业务经理，亲自去餐厅查看用餐环境。

②给XL公司的经理秘书李某致电，预约下周三的谈判活动。

③给上海总公司的总经理发送邮件（内容为本季度的销售业绩情况）。

④书写近期工作报告，交总经理阅览签字。

⑤给前台留言，接待下午来访的客户。

⑥为经理报销此次出差的费用。

⑦给财务部门的周某打电话。

然后依据所列清单，按四象限法绘制矩阵图。根据清单内每一项工作任务的重要性和紧迫性的不同，分别填入不同的象限中，如图1-5所示。

紧急

1.按公司的基本要求预约合适的餐厅，以便下周接待 XL 公司业务经理，亲自去餐厅查看用餐环境。

5.给前台留言，接待下午来访的客户。

2.给 XL 公司的经理秘书李某致电，预约下周三的谈判活动。

3.给上海总公司的总经理发送邮件。

重要

7.给财务部门的周某打电话。

4.书写近期工作报告，交总经理阅览签字。

6.为经理报销此次出差的费用。

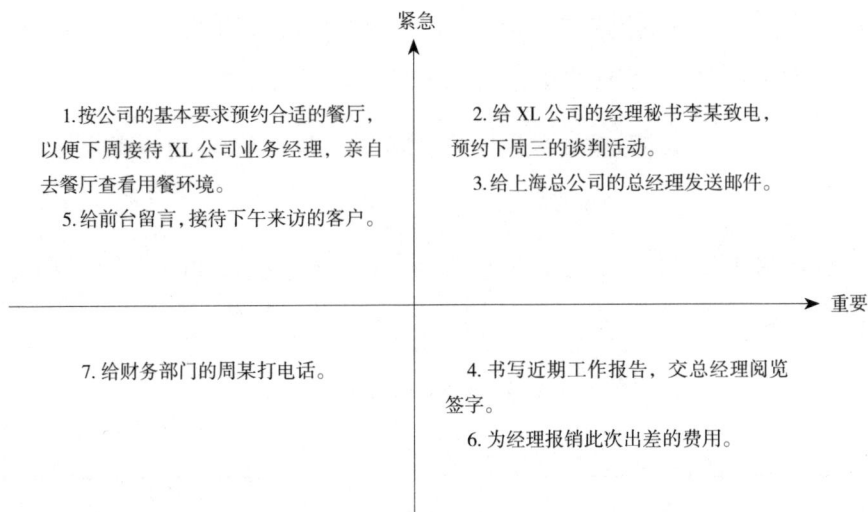

图 1-5　四象限法安排工作

将工作划分到不同的象限后，便可根据工作事项所在象限不同，理出完成工作事项的优先顺序，如下：

②→③→①→⑤→④→⑥→⑦

4. 二八法则，把时间集中在关键工作上

二八法则又名帕累托法则，是 19 世纪末 20 世纪初意大利经济学维尔弗雷多·家帕累托发现的。他认为，在任何一组东西中，最重要的只占其中一小部分，约 20%，其余 80% 尽管是多数，却是次要的。

该法则可以运用在很多领域，比如在工作中真正重要的工作内容可能只占 20%，而一些不是很重要的琐事却占 80%。如果我们在安排时间的时候，花费大量的时间在一些琐事上，只会得不偿失。

了解了二八法则以后，我们就需要好好计划和安排自己的工作时间，要把时间都集中在重要的事上。主要应注意以下四点。

①对所有工作事项排定先后顺序，制订工作计划，定好近期目标和远期目标。

②编制工作时间表，划定轻重缓急，对于不是很重要的工作项目或活动少花时间，或是根本不参与。表 1-2 为工作时间表模板。

表 1-2　工作时间表模板

年　月　日

序　号	工作内容	开始时间	计划完成时间	实际结束时间	备　注

③先做最重要的事情。

④基本原则是"要事第一，重要产品第一，关键人物第一，核心环节第一"。

5. 合理授权，学会借助下属的力量

对于人事管理者来说，相比一般的人事专员，其工作就更多更复杂，不仅要做好自己的工作，还要考察员工的工作。所以管理人员的时间更为紧凑，如果不想整天焦头烂额，还错漏百出，就要学会合理授权，将不重要的工作，或是下属能做的工作分派出去，这样能更好地管理时间。

所谓授权即指管理者通过为员工和下属提供更多的自主权，以达到组织目标的过程。授权是组织运作的关键，它是以人为对象，将完成某项工作所必需的权力授给部属人员，有效的授权是一项重要的管理技巧。

除了为管理者节约更多的时间和精力，有效授权还能带来以下作用。

◆ 管理者授权给下属，可以体现对下属的信任，让员工的能力得到更大的发挥。

◆ 员工得到授权会更加积极地参与各项工作，对其有一定的激励作用，有利于整体绩效的提高。

◆ 管理者有授权意识，可以在授权中发现不同员工的能力，有利于培养人才。

◆ 有技巧、有规律地授权给员工能够加强团队的凝聚力，改善员工和领导之间的关系，让管理者与员工之间能够更有效地沟通。

◆ 适当授权能让管理者更加了解自己不是万能的，能够接纳员工的意见，避免很多决策上的失误。

不过授权不是一件简单的事，管理者还要注意授权时机、授权权限以及授权人员，大致应把握以下三点内容。

首先，授权要目标明确。管理者授权给员工的同时，要让员工明白具体的工作内容，最后应该达到的目的和效果，以及执行任务的标准等，只有让员工明白授权任务的具体目标，才能更好地落实各项工作。

其次，权责统一。管理者安排工作给下属，不要让员工承担其不该承担的责任，这样只会让员工畏首畏尾，徒添许多压力。一定要权责统一，让员工放手去做的时候，也有相应的责任心去做好相关事项。

最后，明确授权范围。授权时一定要告诉员工在哪些范围内是可以由其全权做主的，这样可以减少员工请示的次数，节省更多的时间。也要告诉员工哪些事情是需要事先请示，这样可以保证员工不滥用权力。

授权的方式有很多，管理者可选择的方式也很多，在不同的情境下，面对不同的工作事项，管理者可选择的授权方式如图1-6所示。

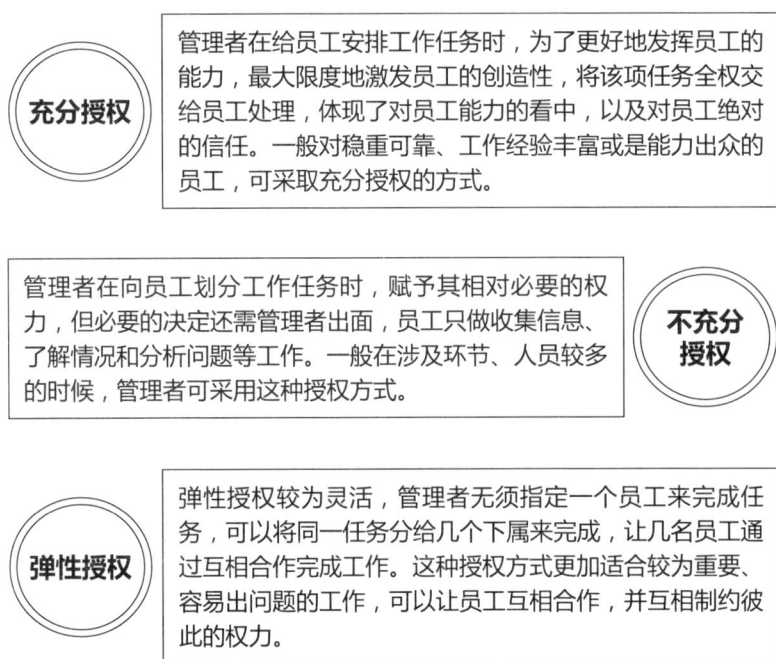

充分授权

管理者在给员工安排工作任务时，为了更好地发挥员工的能力，最大限度地激发员工的创造性，将该项任务全权交给员工处理，体现了对员工能力的看中，以及对员工绝对的信任。一般对稳重可靠、工作经验丰富或是能力出众的员工，可采取充分授权的方式。

管理者在向员工划分工作任务时，赋予其相对必要的权力，但必要的决定还需管理者出面，员工只做收集信息、了解情况和分析问题等工作。一般在涉及环节、人员较多的时候，管理者可采用这种授权方式。

不充分授权

弹性授权

弹性授权较为灵活，管理者无须指定一个员工来完成任务，可以将同一任务分给几个下属来完成，让几名员工通过互相合作完成工作。这种授权方式更加适合较为重要、容易出问题的工作，可以让员工互相合作，并互相制约彼此的权力。

图1-6　不同的授权方式

6. 时间掌控工具，提升时间利用效率

要对时间进行管理和掌控，提高时间的利用效率，人事工作者除了利用各种有效的管理方法外，还可以利用不同的时间管理工具。说到底，要管理好时间，就要减少琐事耗费的时间，将时间都集中在关键事项上。所以，

管理者要有做计划的能力，只有提前计划好每天的重点工作，才能更好地分配时间。人事工作者一般通过以下五个步骤来做好日常工作计划。

①分解工作任务。

②细化每一步操作。

③为每一项操作估算时间。

④记录完成时间，修改每一次计划的不合理内容。

⑤不断完善计划，让计划更适合个人的工作步调，更具科学性。

在以前，职场人士可能通过纸质清单规划自己的工作及工作时间，现在由于电脑及手机软件的发展，可以利用不同软件工具来帮助我们列清单、做计划。下面介绍两种常见且好用的时间管理软件，人事工作者可以多加利用。

（1）QQ邮箱

现在市面上的确有很多时间管理工具可供选择，不过很多职场人士似乎都忽略了QQ邮箱也是可以作为时间管理工具来使用的。

登录并打开QQ邮箱，在主页左侧栏单击"日历"，如图1-7所示。

图1-7 单击"日历"超链接

即可启用"日历"功能,选择对应的年月和日期,单击"新建事件"按钮,在弹出的对话框中,可对事件的内容、时间和提醒时间进行设置,如图1-8所示。

图 1-8　设置日程

人事工作者可在一天内设置多项工作事件,也可以选择任意日期设置工作计划和日程。设置完后,到了对应的提醒时间就会在电脑右下角弹出提醒对话框,单击后就能打开提醒页面,查看具体的工作内容,如图 1-9所示。(如果手机上安装了 QQ 或微信 App,也会同步提醒到手机上)

图 1-9　到时提醒

（2）爱今天

爱今天是一款以一万小时天才理论为主导的时间管理软件，能够记录花费在目标上的时间，并自动生成统计图表。通过区分投资时间、固定时间、睡眠时间以及浪费时间，来管理每一天的具体时间，让你知道时间都花去哪儿了，有助于提高工作效率。

当我们为了完成某一工作目标而投入时间，就可以开始计时，这就属于投资时间，是对目标产生实际帮助的时间。

固定时间指对工作目标无帮助又必须做的事情所花费的时间，如吃饭、喝水、上厕所和交通等。

睡眠时间是指每日睡觉所花费的时间。

浪费时间则指非必须且没有实际帮助的时间。

下载"爱今天"App并打开，单击界面右下侧的"+"按钮，在弹出的菜单中单击"添加目标"按钮，如图1-10所示。

图1-10 添加工作目标

进入添加界面,设置近期重要计划的主题、目标类型(大目标/子目标)、级别、需要时长、截止期限以及每天需要花费的平均时间。返回主界面即可看到刚刚添加的工作目标,按照系统的计算,我们可以看到今天应该投入的时间(如1.1h)和实际投入的时间,单击目标右侧的播放按钮便开始计时,如图1-11所示。

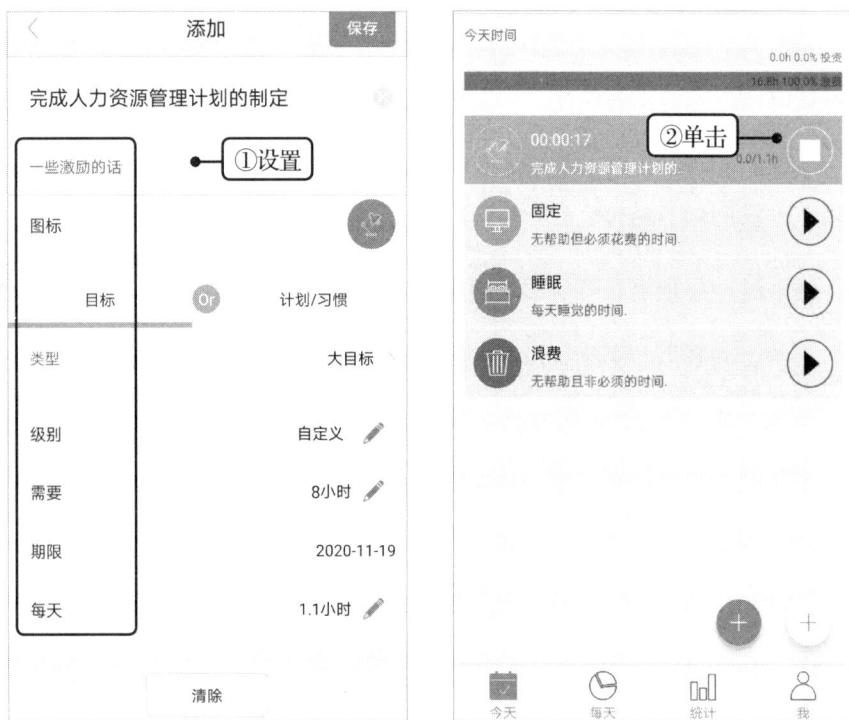

图 1-11 目标计时

对于固定时间、睡眠时间和浪费时间,我们也要一一计时,这样系统才能进行统计,生成相应的图表,我们可以从中看到自己一天的用时比例,调整自己对时间的安排,如图1-12所示。

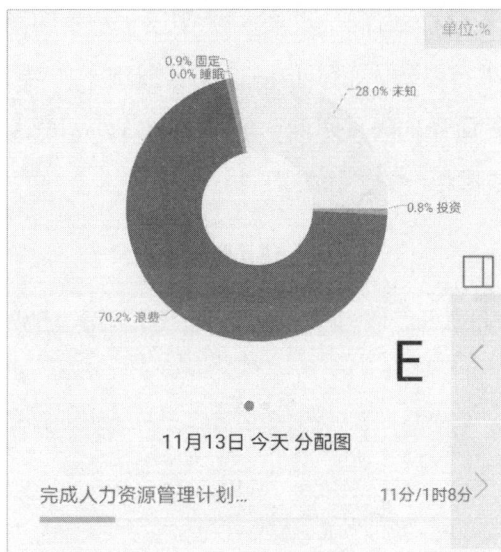

图 1-12　用时统计图

7. 碎片时间法，有效利用零碎的时间

一般我们将零散的、无规律的时间称作碎片时间。大多数上班族一天的工作时间为 8 小时，但由于要处理各种琐事，实际上真正处理工作的时间远远不够，这样职场人士就要想办法利用碎片时间，才能够提高工作效率，更好地利用工作时间，而不是占用下班时间。

首先设置碎片时间的工作清单，列出适合在碎片时间处理的工作事项，这需要满足以下几点要求。

◆ 不是主要工作任务。

◆ 用时较短。

◆ 简单的、机械的、常规的工作。

然后就要选择具体的时间节点来安排列出的各项工作事宜，一般来说，人事工作者在熟悉自己的本职工作后，能够找到工作与工作之间的空隙，这些空隙时间就是所谓的碎片时间，通过表 1-3 所示的表格能够合理选择碎片时间节点，安排相应的工作事项。

表 1-3　碎片时间清单

空档时间	星期一	星期二	星期三	星期四	星期五
09:00 ～ 09:10	1.…… 2.……				
11:00 ～ 11:20					
13:30 ～ 14:00					
16:00 ～ 16:20					

实际工作时，我们还需要注意以下问题。

①意识上改变，重视碎片化时间，哪怕是 5 分钟的碎片时间也有其价值，不要轻易放过，让时间白白浪费。

②形成规范，在固定的时间、固定的工作场所，完成固定的工作任务。

③善于利用不同的工具来掌握碎片时间，包括表格、纸质清单、卡片或是 App。

第 2 章

定好目标计划，助力人力资源规划达成

人事工作者要做好各项人事工作，一定要事先制订人力资源计划，由于人事工作涉及部门和人员众多，流程也较多，因此若没有相应的目标计划，在工作时可能毫无章法，浪费大量的人力、物力。

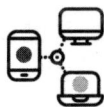

1. 确定管理目标的 OKR

OKR（Objectives and Key Results）即目标与关键成果法，是一套明确和跟踪目标及其完成情况的管理工具和方法，由英特尔公司创始人安迪·葛洛夫发明。

OKR 的主要目标是明确公司和团队的"目标"以及明确每个目标达成的可衡量的"关键结果"。OKR 可以在整个组织中共享，这样团队就可以在整个组织中明确目标，帮助协调和集中精力。

OKR 工作法主要涉及以下三个步骤。

①首先要设置符合"SMART"原则的阶段性目标（可以是月度目标、季度目标或年度目标）。

②朝着设定的目标努力推进，尽量不要因为其他工作影响进度。

③设计合理的进度，团队成员互相合作、互相帮助，有计划地执行任务。

人事工作者在设置人力资源规划时便可利用目标管理法，具体该如何操作呢？

首先，人事管理者应将设置人力资源规划作为该季度或该月份的目标，并设置具体的关键结果指标，所谓的关键结果指标即 KR（Key Results），指为了完成这个目标我们必须做什么，KR 是必须具备以下特点的行动。

◆ 必须是能直接实现目标的。

◆ 必须让人具有进取心、敢创新的，可以不是常规的。

◆ 必须是以产出或者结果为基础的、可衡量的，设定评分标准。

◆ 不能太多，一般每个目标的 KR 不超过 4 个。

◆ 必须是和时间相联系的。

如下例所示为某公司人力资源规划的目标管理操作。

案例实操

用 OKR 进行人力资源规划

20×× 年 3 月，某公司去年的业务又上了一个新台阶，开始不断壮大，为了适应公司不断发展变化，人力资源部也要根据公司的发展改进人力资源规划。一来保证公司不断需求的人力资源，二来使人力资源分配合理，三来尽量降低用人成本。

该公司人力资源主管运用 OKR 来安排有关工作，并让人事工作者按目标规划达成最终任务。

目标：设置符合企业目前状况的人力资源规划。

KR：①人力资源成本不超过 ×× 万元。

②离职率不超过 ×%。

③明确年度大型招聘活动。

④企业组织结构和岗位划分清楚。

3 月的基础计划：

①优化调职机制。

②根据市场环境科学调整员工薪酬与绩效薪酬。

③核实企业发展需要的人才，制订招聘计划。

④ 整理目前企业内部组织结构的缺陷和需要改进的地方。

通过该例我们可以了解到，OKR 与其他管理方法不同，目标管理法要先设置关键结果指标，再根据结果指标反过来设置计划。在这个过程中需要注意以下要点。

◆ KR 设置一般在三四个左右，不宜过多，否则会让员工分不清主次。

◆ 设置 KR 需要有关人事专员一起讨论，再各自承担相应的责任。

◆ 定期总结，如一周一总结，查看工作的进度和完成状况，提出做得好和不好的地方。

2. 层层递进部门目标的分解法

目标分解就是将总体目标在纵向、横向或时序上分解到各层次、各部门甚至具体个人，形成目标体系的过程。目标分解是明确目标责任的前提，是使总体目标得以实现的基础。要进行目标分解应该了解以下四点基本的原则。

①将总体目标分解为不同层次、不同部门的分目标，反过来分目标也要体现总体目标，这样才能保证总体目标的实现。

②分解总目标要注意各分目标所需的条件、资源和限制因素，包括人力、成本和技术支持等。

③分目标要彼此协调、平衡，主要是指内容和时间上互相配合。

④分目标应该明确、具体且简单直接，应该有完成时限和标准。

目标分解的形式有两种，一种是按时间顺序进行分解，一种是按时间关系进行分解。

◆ 按时间顺序分解。

按时间顺序分解即根据总目标的实现期限，设置目标进度，这样管理者和员工都可以根据进度情况调整工作方式，控制好工作的基本效率。

案例实操

按时间顺序分解招聘活动的目标

某公司人力资源部要开展招聘活动，为了保证活动的顺利进行，将任务目标分解如下：

① 10 月 30 号，整理公司人力资源需求。

② 10 月 31 号，确定招聘岗位和人数。

③ 11 月 1 号，确定招聘日期。

④ 11 月 2 号，发布招聘信息。

⑤ 11 月 16 号，筛选应聘者。

⑥ 11 月 17 号，预定面试场所。

⑦ 11 月 19 号，开展面试活动。

◆ 按时间关系分解。

按时间关系分解目标又包括以下两种具体的形式。

一是按管理层次进行纵向分解，即将目标逐级分解到每一个管理层次，甚至分解到个人。

二是按职能部门进行横向分解，即将目标项目分解到有关职能部门。

那么在具体分解目标的时候，应该如何操作呢？主要需经过以下三个基本步骤。

第一，确定总目标、总任务，并设置其完成指标，最好用数值来表达总目标。

第二，展开目标，将目标按照时间和空间来划分，形成目标体系，如图 2-1 所示。

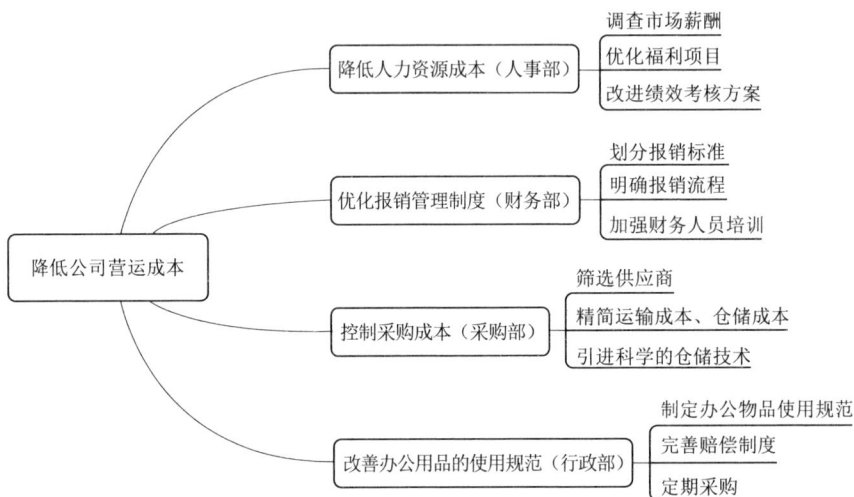

图 2-1　目标分解体系

第三，根据目标选定相应的对策，并做好完成目标的具体方案，这样员工才能按照对策开展工作。

3. 运用 6W3H 分析法进行人事工作分析

6W3H 分析法是目标管理的一种有效方法，通过这种方法可以细化工作目标，帮助人力资源管理者和人事专员更好地进行人事工作分析。"6W3H"具体包括哪些内容呢？

What——指要做的是什么及描述达成命令事项后的状态。

When——指全部工作完成的时间及各步骤完成的时间。

Where——泛指各项活动发生的场所。不同的场所能代表不同的意义，而且有的场所需要提前安排。

Who——指与目标有关联的对象，如担当者、责任者和参与者。

Why——指理由、目的、根据。能让执行者更容易理解为什么这样做而不那样做。

Which——根据前面5个W，制订各种备选方案。

How——指方法、手段，也就是如何做。

How Many——指需要多大、多少，以计量的方式让事情更具体化。

How Much——指预算费用。

人事工作者该如何利用该套分析法呢？来看下例内容。

案例实操

运用6W3H分析法制订人事培训计划

某公司近期要进行人事培训，由人事部负责培训相关事项的安排。为了使工作安排妥当，人力资源主管采用了6W3H分析法，将这一复杂的事项层层分解。

What——制订季度培训计划并安排培训，并对培训效果进行总结、考核和反馈。

When——培训耗时一个季度，具体的时间安排见表2-1。

表 2-1　时间安排表

时　　间	工作安排	
5月1日～10日	制订季度培训计划	①确定培训部门和人员，制作清单（1日） ②确定培训内容（2日～4日） ③划分培训课时（5日～6日） ④寻找培训讲师（7日～9日） ⑤形成计划文件（10日）
5月11日	将培训计划交总经理审核	
5月15日	预订培训场地	
	准备培训资料	
5月16日	将培训计划通知给相关部门和员工	
6月1日～9月31日	开始培训	（6月） ①…… ②……
		（7月） ①…… ②……
		（8月） ①…… ②……
		（9月） ①…… ②……
10月8日～10月15日	培训反馈	

Where——公司内可供培训的场所有3处，一处是行政楼一楼大会议室，二是厂房301室，三是多媒体工作室。由人力资源主管和总经理讨论决定。

Who——人力资源主管负责总体规划，人事专员张某负责计划的拟定，人事专员李某负责资料准备、人事专员罗某负责现场布置……

Why——通过培训能够提高人力资源的整体质量，以备公司更好地发展，员工在培训中也能不断提升自己，有助于职业生涯的发展。

Which——制作不同的培训方案作为备选。

How——采用传统的培训方式，划定课时，设计培训考核测验，对培训效果进行排名。

How Many——培训耗时约3个月，培训反馈需要15天。

How Much——员工培训预算见表2-2。

表2-2　员工培训表

课程名称		日　　期		地　　点	
费用预算明细					
①教材					
②讲师薪酬					
③讲师交通费					
④讲师住宿费					
⑤讲师膳食费					
⑥其他费用					
费用预算合计					
⑦合计费用					
⑧预支费用					
参加培训人员名单（计　人）					
姓　　名		部　　门		职　　称	备　　注

4.基于目标制订切实可行的管理计划

一般来讲，制订工作行动计划要分两步，第一步是设计目标，第二步再针对目标制订具体的行动计划。只有明确目标，才能展开详细的计划。

人事工作也一样，要做好人事管理计划，就要根据公司的具体经营发展目标，从不同方面制订相应的工作计划，如下例所示为某公司人力资源管理计划。

案例实操

以经营目标为准制订人力资源管理计划

××公司人力资源管理计划

一、公司岗位设置与人员配置计划

根据公司发展计划和经营目标，人力资源部协同各部门共同讨论制订了公司本年度岗位设置和人员配置计划。今年，公司将保持6个部门的架构。

总经理领导公司全面性工作，各部门的工作由各部门主管统筹管理。各部门岗位与人员配置暂行规定如下。

1. 综合管理部（19人）

主管1人；信息管理组1人；行政管理组12人；规划及专案主管1人；审计1人；总经理秘书1人；总务组2人。

2. 财务部（11人）

主管1人；预算管理室2人；会计核算室3人；出纳1人；物流管理组4人。

3. 营销部（9人）

主管1人；销售一组2人；销售二组2人；销售三组2人；市场组2人。

4. 品质部（11人）

主管1人；品质管理员1人；成品检验员7人；供应商管理员1人；计量及文件管理人员1人。

5. 技术部（16人）

主管1人；技术管理室2人；应用开发室3人；产品开发室5人；测试服务室5人。

6. 人力资源部（11人）

主管1人；人事专员4人；人事助理6人。

二、人员招聘计划

1. 员工增补需求

根据岗位与员工配置计划，公司拟发展到＿＿＿人；现有员工＿＿＿人，需要增加＿＿＿＿人；具体需要增加的岗位和人数如下：

审计1人；总务管理1人；预算编制1人；费用核算1人；备品仓管1人；销售工程师3人；市场主管1人；市场经理1人；海外销售经理1人；品质管理1人；成品检验1人；测试工程师1人；测试技术员1人；实验员1人；设备主管1人；工艺主管1人；备品采购1人；设备管理室技术人员1人。

2. 招聘方式

采用内部招聘、社会招聘和学校招聘等方式，优先采用内部招聘的方式，或内部晋升的手段解决部分人员需求。

3. 招聘策略

社会招聘主要通过在某些招聘网站上发布招聘广告，或在相应报刊上刊登招聘广告等形式进行；学校招聘主要通过应届生洽谈会招聘，具体细节还需要斟酌。

公司内部员工晋升将是优先的手段，通过培训和考核两种方式将优秀员工提升到需要的岗位上。

4. 招聘人事政策

劳动合同和各项待遇都不变动，特殊岗位的薪酬将会有所调整，但需要总经理的许可，无特殊情况将依制度进行。

5. 招聘风险预测

考虑到一些技术性岗位招聘难度很大，特别是中高级人才的竞争相当激烈，加之本公司的薪酬和待遇在市场中属于中低档次，所以在特殊岗位的招聘上条件可以放松，待遇可以特别照顾。必要时，对中高级人才的招聘可请猎头负责。

三、人力资源管理政策完善和调整

1. 招聘政策调整

下一年度将加大基础员工培训力度，争取大部分基础管理岗位由内部员工招聘；同时公司鼓励员工积极参加培训，接受训练教育，积极提升自己。

2. 员工培训政策完善

以后员工培训将分为四大部分进行，入职培训、员工基础企业管理培训和后备管理人员培训由综合管理部统一筹划实施，员工岗位技能培训由各部门自行负责。具体细节近期将由人力资源部公布。

四、人力资源成本预测

1. 招聘费用预算（略）

2. 培训费用（略）

3. 工资预算（略）

4. 员工福利预算（略）

五、人力资源管理计划的实施及调整

由于公司处于快速成长的阶段，各项发展都不可以精确地预计，所以人力资源规划只能依据现有的情况和以往的工作经验进行一定程度上的科学规划，具体实施需要不断调整和纠正。

从上例所示的人力资源管理计划我们可以了解到，人力资源管理计划包括不同方面的内容，如岗位结构设置、人员配置、人员招聘计划和完善人力资源政策等。

人力资源管理计划的每一个方面的设计都与企业年度发展目标息息相关，并且要控制在企业的预算之内，包括要不要增设岗位、要不要招聘新的人才、需不需要对现有人才进行培训……

5. 提高个人执行力的工作方法

工作中，执行力体现了员工将计划变为实际行动的能力，有执行力的员工工作效率高，能够在相对较短的时间内完成工作任务。相反，执行力差的员工，总会不自觉拖延工作，导致工作效果不佳。人事工作者如何才能提高个人执行力，更好地完成人事工作呢？首先我们来了解一下造成员工执行力差的原因有哪些？

工作内容不明晰。若是公司内部制度设计不健全，岗位工作内容不明确，或总是由管理者临时安排任务，就会让员工觉得手足无措，不知道该做些什么，需要等人来安排，或凭感觉去做些什么，在这种环境下很难培养员工的执行力。

没有工作方法。对于人事工作，公司没有明确的培养员工的工作方法，只能靠员工自行摸索，有的员工可能会一直不得要领，许多员工还会产生畏难情绪，这样工作效率就会大大降低。

工作流程不通畅。很多人事工作会与不同部门及人员打交道，若是企业各部门办事流程烦琐，沟通不顺畅，审批手续复杂，就会给员工带来无尽的麻烦。

缺乏激励因素。要想提高员工工作的积极性，就要给员工一定的绩效奖励，这样就要求公司的绩效考核制度是完善的，如果没有规范绩效奖励，或绩效奖励过于复杂，员工就无法了解到工作能带给自己什么好处。

提升员工的执行力对企业和员工来说是双赢的，针对以上这些原因，我们可以通过如下方法来提高员工的执行力。

◆ 明确工作目标。

目标是做事的基础，明确目标后，就能依据目标设计工作内容、工作效果、完成时限及需要的各项资源等。可以通过编制工作单，说明相关要素，有利于上下级同步了解工作内容，也方便部门间的合作，见表2-3。

表2-3 工作单

发单日期	年 月 日	完成时间	年 月 日
工作内容		完成标准	
①			
②			

③	
④	
附件	
备注	
部门经理	收单人	

◆ 工作流程合理化。

很多企业容易忽略工作流程的重要性，认为只要设置了工作目标和内容，员工就能执行工作，岂不知若是没有上下级的帮助和其他部门人员的协调合作，很多工作是无法顺利完成的，所以需要进行统一的流程管理，让不同岗位的人员各司其职。图 2-2 为人力资源部的外部招聘流程。

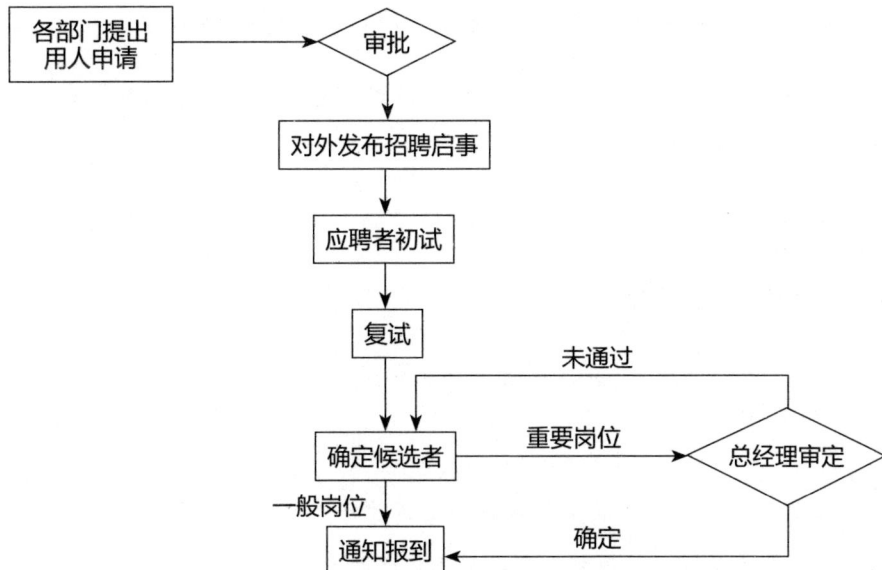

图 2-2 人力资源部外部招聘流程

图2-2所示虽然是某公司的外部招聘流程,却涉及了公司的各个部门,以人力资源部为主导,需要各个部门合作才能顺利完成。

首先就需要各个部门按时提出用人申请,这样才方便人事工作者制订相应的招聘计划。

其次人事工作者依照招聘计划开展招聘工作。

最后还需要总经理审定招聘人员。

这三个基本的工作项目缺一不可,所以必要的工作流程是不可或缺的,对各部门的流程管理也是必要的。

◆ 有效激励。

员工的工作态度是执行力的关键,员工工作积极性高,执行力也会相应变高。而凭空鼓励员工认真工作效果是极低的,只有结合物质奖励和精神奖励,且制定合理的绩效激励制度才能提高员工的工作积极性。

所谓合理,就要从奖励幅度、计算方式和兑现方式三个方面来设计,如下例所示为某公司的绩效奖金激励方案。

案例实操

制定绩效奖金激励方案

××公司绩效奖金激励方案

一、目的

为调动和激励员工的工作热情和创新精神,结合公司年度各项绩效目标进行公司各层级奖励规划,调动员工积极性。

二、适用范围

公司各层级转正在职员工。

三、公司各项奖金的定义

1. 经营目标奖

公司年度经营目标达成率奖金，按半年度计提并累计年终发放。

2. 优秀部门奖

指公司各部门管理措施、制度执行等相关条件达到公司既定目标，按年度评选并于年终发放。

3. 优秀员工奖

指为推选出工作完成出色、具有特殊贡献的员工设立的个人奖项，按年度评选并于年终发放。

四、奖金计提标准

1. 经营目标奖（计提金额：0 ~ 60 万元）

一级提成：年度公司经营目标 ≥ 3 000 万元，提成比例为 2%。

二级提成：1 500 万元 ≤ 年度公司经营目标 < 3 000 万元，提成比例为 1.5%。

三级提成：年度公司经营目标 < 1 500 万元，提成比例为 0%。

2. 优秀部门奖（计提金额：0.6 万元）

按照不超过 3 个部门的名额，每个部门 2 000 元的标准发放。

3. 优秀员工奖（计提金额：0.96 万元）

按照不超过公司总人数 10% 的比例产出优秀人数，按照平均 800 元 / 人的标准发放，约 12 人。

五、奖金分配标准

1. 经营目标及利润目标奖

（1）部门权重的确定

①依据公司各部门所承担的工作任务及强度确定各部门权重。

②部门权重系数。

一线部门——总经办、业务部、研发部、生产部，权重系数1.2。

后勤服务部门——人力资源部、品控部、采购部、仓储部、统计部、财务部，权重系数1.0。

（2）职务系数的确定

①依据员工岗位级别及所管辖业务范围大小确定个人职务系数。

②个人职务系数。

总监级——总经理／副总经理／总监／高级工程师，职务系数2.5。

经理级——部门经理／中级工程师，职务系数2.0。

主管级——主管／专员／初级工程师，职务系数1.5。

文员级——办公室文员、技术人员、仓管、人事专员、会计人员，职务系数1.0。

（3）个人奖金的确定

个人奖金所得 = 部门权重系数 × 个人职务系数 × 绩效考核系数 × 年出勤率

2. 优秀部门奖

部门可参考上述分配方式确定部门员工分配额度。

六、其他

年度奖金发放前有下列情形之一者，不享受年终奖金。

1. 辞职或解聘者。

2. 其他原因中途离职者。

3. 停薪留职者。

4. 长期请事假者。

该例中公司设置了三项绩效奖金，对公司的各部门和员工进行激励，在一定的预算范围中划出了一部分作为公司年度绩效考核奖金，且绩效奖金的计算方式简单，这将更容易让员工接受。

当然有了绩效奖励方案后，还要有并行的考核方案才能真正有效激励员工，让员工相信积极工作会得到额外的奖励。

6. SWOT 分析法整合人事工作资源

SWOT 分析，即基于内外部竞争环境和竞争条件下的态势分析，就是将与研究对象密切相关的各种主要内部优势、劣势和外部的机会与威胁等，通过调查列举出来，并依照矩阵形式排列，然后通过系统分析，得出一系列相关结论，而结论通常带有一定的决策性。

运用 SWOT 分析法，能够对分析对象所处的情景进行全面、系统且准确的研究，从而根据研究结果制订相应的发展战略、计划以及对策等。

SWOT，即指 S（Strengths）——优势、W（Weaknesses）——劣势、O（Opportunities）——机会、T（Threats）——威胁。由于能从这几个不同的方面进行全面分析，因此 SWOT 分析法成为企业常用的一种分析方法，多用于战略分析。具体的分析内容如下所示。

◆ 优势：指公司的内部优势，包括竞争优势、充足的流动资本、良好的企业形象、创新技术、优质产品和市场份额等。

◆ 劣势：指公司内部存在的劣势因素，包括管理缺陷、产品开发落后、资金短缺和人力资源不足等。

◆ 机会：多指公司的外部机遇，包括新市场、新的市场需求和竞争对手的减少等。

◆ 威胁：多指企业外部存在的威胁，包括替代产品增多、市场紧缩、行业政策变化和经济下行等。

若是想利用 SWOT 分析法，必须遵守以下几条简单的规则。

①必须对公司的优势与劣势有客观全面的认识。

②能够区分公司的现状与前景。

③与公司的竞争对手进行比较，看企业是优于还是劣于竞争对手。

④简要分析。

人事工作者要利用该方法分析企业的人力资源，就要从企业的战略发展出发，对企业人力资源的优势和劣势、机会和威胁进行分析。

案例实操

运用 SWOT 分析法分析公司人力资源状况

××公司自成立以来一直力图发展，终于使经营步入正轨，也有了一定的市场份额和固定的客户群，不过公司并不打算止步不前，而是要进一步扩大市场份额，让公司成为该地区行业的龙头企业。

为了助力公司不断发展，人力资源一定要跟上，保证有足够的人才能为公司提供知识、经验和技能。因此，人力资源部的管理者和员工就要对企业内部的人力资源情况有所了解，才能"对症下药"。

该公司的人力资源主管便利用 SWOT 分析法对公司在现有环境下的人力资源状况进行分析。

一、优势（S）

①各部门人员结构合理。

②管理人员素质较高，能有效处理本部门的相关工作。

③招聘标准一直较高，在企业内部形成良性循环，提高了企业整体的员工质量。

④绩效考核制度已经完善，能有效考核与激励员工。

⑤与同行业相比，公司内的薪酬水平处于中上。

二、劣势（W）

①企业名头还未打响，高精尖人才的招聘渠道受限。

②基层员工数量在企业发展后稍显不足。

③员工离职率没有得到控制。

④薪资水平与企业发展水平不对应。

⑤人力成本不受控制，没有设置预算机制。

三、机会（O）

①企业运营步入正轨，发展前景良好。

②在市场中有一定竞争力。

③区域政策保护，让许多优秀人才流入市场。

④网络技术发展让招聘渠道更加灵活、有效、方便。

四、威胁（T）

①行业市场竞争激励。

②年轻员工流动性大，很难培养成骨干员工。

③企业在员工福利上没有大企业人性化。

④经济下行。

通过分析，人力资源部主管制订了相应的对策，包括如下 7 点。

①建立人才储备库。

②定期进行市场薪酬水平调查。

③建立人力资源开发策略，不断培养优秀的员工。

④建立企业内部沟通渠道，让员工有渠道提出自己的意见和建议，减少员工离职率。

⑤提高管理人员工作能力，让部门员工之间更具凝聚力。

⑥科学、人性化地给员工提供福利项目。

⑦设计并完善员工晋升渠道，让员工看到自己的发展前景。

7. PDCA 循环改进人力资源工作质量

PDCA 循环是美国质量管理专家沃特·阿曼德·休哈特博士首先提出的，指将管理分为四个阶段，即 Plan（计划）、Do（执行）、Check（检查）和 Act（处理），并按照 Plan → Do → Check → Act 的顺序循环进行管理活动。这四个阶段的具体内容如下：

P（Plan）计划。包括方针和目标的确定，以及活动规划的设置。

D（Do）执行。根据已知的信息，设计具体的方法、方案和计划布局；再根据设计和布局进行具体运作，实现计划中的内容。

C（Check）检查。总结执行计划的结果，找到不成熟的地方或做得不错的地方，明确效果。

A（Act）处理。对总结检查的结果进行处理，对成功的经验加以肯定，并予以标准化；对于失败的教训也要总结，引起重视。对于没有解决的问题，应顺延至下一个 PDCA 循环中去解决。

基本的循环过程如图 2-3 所示。

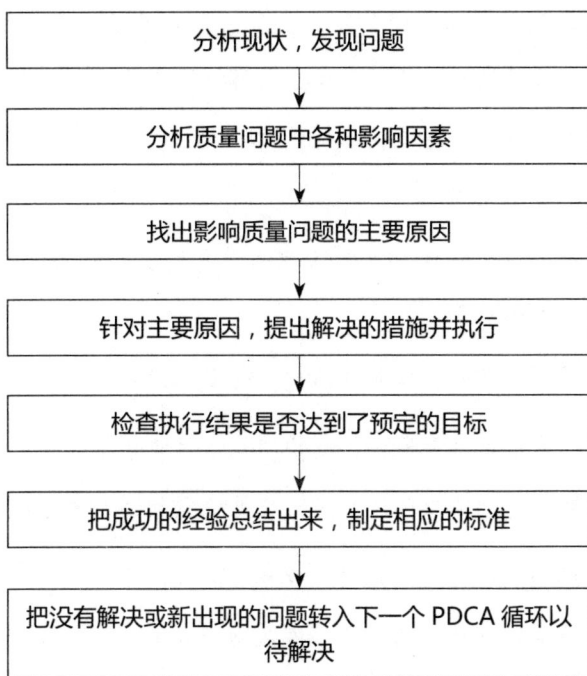

图 2-3　PDCA 循环流程

PDCA 循环可以运用在人力资源工作中，帮助人事工作者不断改进工作质量，如下例所示。

案例实操

依照 PDCA 循环原则改进人事工作质量

××公司人力资源部主管张某在进行招聘活动时总是事倍功半，花费大量时间和精力，招聘效果却不尽如人意，要么是招不到合适的人，要么是招聘员工能力不行。于是，张某打算通过PDCA循环改进招聘工作的质量。

在一开始的计划阶段，张某通过清单列明了目前招聘工作中存在的问题，包括面试到场率低、面试标准不明确等。然后依次列明造成这些问题的原因。

面试到场率低：①通知时间较短；②通知形式单一；③招聘职位与面试人员信息匹配度不高；④交通不便，没有提供明确的交通路线。

面试标准不明确：①岗位职责不明确；②没有列明面试考核问题；③面试招聘的基本要求不清晰。

针对罗列的原因，张某与几位人事专员一起制订相应的招聘计划，具体要从以下几个方面入手。

①明确公司岗位职责，编制不同部门的岗位说明书。

②对招聘人员设置基本要求，包括学历、技能和经验等。

③严格按照设定的要求筛选简历，否则追究相关人事专员责任。

④通知面试的方式以电话和短信为主，为其提供基本的交通路线。

⑤人事专员要注意自己的态度，要亲切、专业。

然后在正式招聘时，按具体的计划要求执行，并接受主管的考核。此次招聘活动结束后，张某立即对此次招聘活动的到场率和入选率进行总结，发现有了明显的提升。

于是立即召开会议，对此次活动做得好和未解决的问题进行讨论，以便不断改进。

第 3 章

掌握工作技巧，做最得力的 HR

　　人事工作繁杂且涉及因素较多，人事工作者要懂得基本的工作技巧，才能更游刃有余地处理有关工作。除此以外，还要懂得利用软件工具和固定模板，以提高工作效率。

1. 让招聘有章法，节省 30% 的时间

由于企业运作涉及各种因素，人力资源部需要及时根据企业的需求招聘人才，而招聘活动涉及的人员、流程较多，需要人力资源主管和人事专员花费较多时间和精力，可就算如此也不能保证招聘的最终效果。

为了提高招聘效率，保证招聘效果，人事工作者一定要提前做好招聘计划，这样可以保证招聘工作有理有节地开展，也能节省因操作不当损耗的时间。人力资源主管在安排具体的工作时，也要依据招聘计划。

所谓招聘计划，指人力资源部门根据用人部门的增员申请，结合企业的人力资源规划和职务描述书，明确一定时期内需招聘的职位、人员数量和资质要求等因素，并制订具体的招聘活动的执行方案。

招聘计划一般应包括以下基本内容。

①人员需求清单，包括招聘的职务名称、人数和任职资格要求等内容。

②招聘信息发布的时间和渠道。

③招聘小组人选，包括小组人员姓名、职务和各自的职责。

④应聘者的考核方案，包括考核的场所、大体时间和题目设计者姓名等。

⑤招聘的截止日期。

⑥新员工的上岗时间。

⑦招聘费用预算，包括资料费、广告费和人才交流会费用等。

⑧招聘工作时间表，尽可能详细，以便于他人配合。

⑨招聘广告样稿。

拓展贴士 *设计招聘计划内容的注意事项*

①招聘人数的确定和通知面试人数有紧密关系，一般要根据以往的经验来计划入选人数，如计划招聘产品设计师3名，可能需要拟定参加面试人数为10人。

②要根据部门需要，确定员工上岗时间，再据此计划可能的培训时间、面试时间和发布招聘信息的时间。若不提早计划，很有可能耽误公司的生产运营。

③在确定招聘渠道时，要根据岗位性质考虑招聘的范围，一般管理人员和技术人员在全国范围内招聘，基层员工可在本地招聘，这样选择的招聘渠道也会有所差别。

④在制定应聘者的考核要求时，要注意除了基本的学历、经验等筛选条件外，还要针对岗位特殊性，对需要特别要求的标准要单独提出。

如下例所示为某公司人力资源部设计的招聘计划方案。

案例实操

提前做好招聘计划以提高招聘工作的效率

×× 公司招聘计划

一、招聘目的

随着企业今年的业务扩大，市场竞争也逐渐加大，需要招聘大量人员，结合公司发展需求及相关计划安排，特制订一套招聘计划。

二、招聘需求与分析

根据公司今年的发展规划，由公司人力资源部主管对人员需求进行统计、分析及汇总。

部　　门	岗　　位	核定人数	人员到岗计划	备注
人力资源部	人事专员	1	20××年11月初	
企划部	企划专员	1	20××年11月中旬	
信息部	系统维护人员	2	20××年11月初	
运营部	运营主管	2	20××年11月初	
客服部	客服专员	4	20××年11月初	

三、招聘渠道

①招聘广告：在商圈张贴宣传海报。

②网络招聘：58同城、智联招聘等网络渠道引才。

③现场招聘：在人才招聘会举办现场招聘会。

④补充招聘渠道：人事社保劳动局、合作方内部员工推荐。

⑤委托猎头公司招聘部分关键岗位。

在本年招聘计划中，有一些关键岗位——企划专员和运营主管，由于其岗位的特殊性，在上述招聘渠道上若难以觅得优秀人才，可委托猎头公司对这些岗位人员进行招聘，预算费用不低于10万元。

四、招聘费用预算

序号	渠　道	分类明细	收费项目	费用（元）	备注
1	招聘广告	宣传单	招聘宣传单500份	150	—
2	网络招聘	智联招聘	会员一年、简历下载1 000份、精品职位、1 000点刷新	4 800	以年为单位
3	现场招聘	××市人才招聘会	招聘展位两个、招聘简章海报20份	400	1场
4	猎头公司	××有限公司	委托职位税前年收入的××%	100 000	
合计				105 350	

五、招聘实施注意事项

①坚持每天刷新网络招聘信息，进行简历筛选与人员联系，确保人员质量。

②在 10 月 10 日之前，全面张贴完招聘广告。

③现场招聘时间具体定在 10 月下旬。

④准备进行招聘活动以及现场招聘的物资（所需的桌椅、笔和求职简历表等）。

⑤每周五定期去人事社保局查看是否有合适人选进行入职登记。

六、录用决策

企业根据面试结果，将会在最后一轮面试结束当天或 3 天内告知应聘者结果，并下发录用通知或告知录用者入职办理相关手续。

七、入职培训

①新人入职必须证件齐全、有效。

②新人入职当天，综合人事部应告知基本日常管理规定。

③办理好入职手续后，即安排相关培训行程（通常由部门培训），培训计划要求由各部门提出与人事部讨论决定。

④员工转正时，人事部应按照员工试用期间工作情况审核把关，对试用期表现不理想者或不能胜任者，可以进行沟通延迟转正或解除劳动关系。

2. 漏斗模型，找出招聘工作失败的原因

招聘工作是人事工作中非常重要和大型的工作，涉及的人员和环节众

多，无论哪一个环节出错，都有可能影响最终的招聘结果，或是降低招聘效率。

为了保证每个环节都万无一失，我们可以利用漏斗模型对有关数据进行分析。所谓漏斗模型，即是划分流程关键点，按顺序形成漏斗模型，分析各关键节点的误差和不合理之处，及时改进，提高工作效率。一般来讲招聘流程可以划分为邀约、面试、录取和培训四个关键点，如图3-1所示。

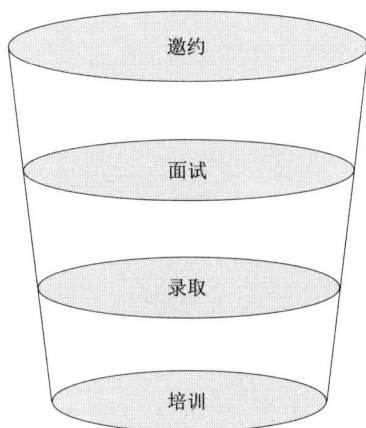

图 3-1　招聘工作的漏斗模型

而在不同的关键节点上，还有对应的重要工作，是进行数据分析的重点，见表3-1。

表 3-1　招聘关键节点的重点工作

关键节点	重点工作
邀约	确定招聘需求 发布招聘信息 筛选求职人员 发出邀约信息

续表

关键节点	重点工作
面试	面试问题设计 选择面试形式 面试反馈
录取	薪酬谈判 开展背调 发出录用通知书
培训	入职手续 确定是否要进行培训

针对每一项重点工作，人事专员都要做好细节分析，提出改进的办法，见表3-2。

表3-2　招聘关键节点的工作改进

重点工作	细节分析	改进（实用技巧）
发布招聘信息	岗位介绍	①岗位名称要标准，符合大众认知，不要生造岗位新词，以免误导求职者 ②招聘文案可以新式，但要有实际内容，最重要的是应该适合岗位特性 ③岗位薪酬最好不要给定，以区间值为佳（如3 500～5 000元），符合市场薪酬水平
	招聘渠道	渠道改进，每次招聘活动都应根据岗位特性选择更适合的招聘渠道
	……	……
发出邀约信息	编制邀约对话	说明身份→表示打扰→确认求职者意愿→告知面试信息→提示候选人相关注意事项→表示期待
	邀约流程	不断完善，如初次邀约、再次邀约和面试前一天的短信提醒等
	候选人未到场	若出现某些候选人未如约而至，可以打电话询问具体原因，以便改进

续表

重点工作	细节分析	改进（实用技巧）
面试问题设计	问题分类	依据岗位特性考察能力，如销售人员，考察说话技巧、抗压能力和性格等
	问题侧重	员工应具备的岗位能力应有所侧重，如生产人员的责任心应该最被看重
	选拔标准	……
……	……	……

通过漏斗模型可以一层一层剥开招聘工作的重要节点，然后分析做得不好的原因，进行改进，这样"以小见大"，一步一步改变反而效果更佳。

3. 管理简历，一些基本技巧需了解

作为人事工作者，不可避免地会被安排招聘任务，其中对于各候选人的简历管理就是非常重要的工作了，这关系到企业能否顺利招聘到优秀人才。而且对于一个优秀的人事工作者来说，人力资源的多少及质量好坏决定了其价值，所以人事工作者应该从日常做起，管理好各种人才的简历信息，以备不时之需。

要想高效管理简历，人事工作者必须借助一些管理方法，如下所示。

（1）简历分类

将所有简历混在一起显然是人事专员新手才会犯的错误，一般来讲，就算一个人事工作者经验不足，也会对收集的简历进行分类。当然，分类的方式不一，见表3-3。

表3-3　简历分类形式

分　类	具体形式
按时间分类	①如春季招聘、秋季招聘、毕业季招聘…… ②如 2018 年、2019 年、2020 上半年……
按部门分类	如销售部、财务部、行政部、生产部、设计部、采购部……
按管理层级分类	如总监级、主管级、副总级、经理级、组长级、普通蓝领、普通员工……
按岗位性质分类	如高级工程师、注册会计师、审计员、金牌销售、高级 HR……

（2）划分简历标签

若是简历较多，无论是收集还是查找都耗时耗力，所以对简历中的关键信息进行提炼，然后贴上标签，可以帮助我们快速锁定简历。如何提取呢？如下例所示。

案例实操

提取简历标签以便快速锁定简历

个人简历

姓名：张 ×

出生年月：1994.06.03

联系方式：150×××1325

地址：成都市龙泉驿区 ×× 路 123 号

邮箱：87××@qq.com

【专业技能】

专业证书：初级会计职称、中级会计职称。

计算机技能：全国计算机等级二级，熟练使用 SPSS 及 MS Office 软件。

语言水平：大学英语六级、普通话二级甲等、日语 N2。

【工作经验】

（2014.03 ～ 2016.06）××科技有限公司任会计

负责原始凭证（纸质版／电子版）的维护与整理工作。

负责结算发票的审核计算，年审与季审的抽凭工作。

负责与总账、出纳及其他各组的交接工作，进行付款核对。

会计凭证、账簿及其他财务资料整理归档，发票购领、开具及登记保管。

（2016.07 ～ 2017.12）××电子安装工程公司任会计

根据公司财务要求，审核并处理员工个人费用及公司的一般经费。

（2018.03 ～ 2020.06）××有限公司任会计

根据公司的要求，审核并处理员工个人费用及公司的一般经费。

使用 NetSuite 系统录入凭证及会计批准工作。

【教育背景】

2009.09 ～ 2013.06　　中央民族大学　　会计学　　本科

以上为某公司人事工作者收集的简历资料，除了简单分类外，该人事工作者还采用了提取标签的方式来整理简历信息，很快就能从众多简历中找到自己需要的。

该份简历标签为"会计证""××科技有限公司""日语"，这 3 个标签分别表现了该候选人的基本技能、亮点经历和个人特长。

一般来说，划分简历标签我们应该注意这几个方面：

一是数量维持在 3 个或 3 个以内。

二是标签选择上应该以专业技能、工作经验和教育背景为主，不用考虑个人信息。

三是以重点为主，可能一份简历中包含的信息和亮点会很多，但人事工作者要懂得取舍，挑出前 3 个亮点即可。若是该份简历中张某的教育背景是清华大学，那么便可以将"日语"标签替换成"清华"标签。

（3）定期管理

人事工作者会在日常工作中不断地收集优秀或合适的简历，所以要定期维护和管理简历库，不能只进不出，要适时删减、去重，这是管理人力资源的重要手段。

4. 简历管理工具，加速人才库的建设

过去可能有很多人事管理者将收集到的简历的电子稿保存在个人文件夹中，可命名进行分类管理。不过由于网络和工作软件的发展，这种原始的方式也在逐步淘汰。人事管理者应该了解更智能、更方便的简历管理工具，这样才能更好地把握人力资源。下面介绍几种常见的简历管理工具。

（1）Talentlines

Talentlines 是基于 Internet 的招聘软件平台服务提供商，同时提供了企业人才需求预估、人才库建立和管理以及招聘流程管理等诸多服务。主要功能如下：

◆ 招聘目标 / 招聘任务管理。

◆ 后备人才库管理。

◆ 企业人力资源需求预测和人才缺口分析。

◆ 首选人 / 职位申请人跟踪和管理，招聘和面试任务分配和管理。

◆ 面试流程和面试记录管理。

◆ 企业人才技能管理和候选人技能管理。

TalentLines 官网首页如图 3-2 所示。

图 3-2　Talentlines 官网首页

通过"人才管理"功能，就能添加或删除相关人才信息及简历资料，并进行各项操作。

案例实操

运用 TalentLines 进行简历管理

进入 Talentlines 首页，单击右上角的"人才管理"菜单项，在弹出的下拉菜单中选择"简历上传和管理"选项，在打开的页面中单击"创建新文件夹"超链接，如图 3-3 所示。

图 3-3　创建新文件夹

在打开的页面填写文件夹名，视情况选择填写备注信息，然后单击"新增文件夹"按钮，如图 3-4 所示。

图 3-4　添加成功

单击该新增文件夹，在打开的页面中单击"上传文件"超链接，便可上传个人收藏的简历资料，并单击"添加备注"超链接记录简历重点信息，以备查看，如图 3-5 所示。

图 3-5　给简历文件添加备注

单击"查询"超链接，在打开的页面的文本框中输入关键字，如"设计师"，单击"查询"按钮，便可筛选出相关简历，如图 3-6 所示。

图 3-6　关键字查询简历

（2）一表人才

一表人才为一站式人才资源管理平台，为企业招聘工作者／猎头提供高效便捷的简历管理工具和应用实践。其官网首页如图 3-7 所示。

图 3-7　一表人才官网首页

该平台提供了以下几种简历管理的功能，可以满足人力资源工作者的基本需求。

简历导入。目前支持猎聘、51job、智联和卓聘这些招聘网站账号同步。

简历管理。支持多格式简历上传；云端备份，随时可查；AI 解析简历信息，统一排版，支持一键搜索查找；可对简历进行备注，随手记录与候选人沟通的信息。

简历匹配。基于 AI、大数据系统，自动分类简历；根据简历池中简历的变化，自动生成人才报告；宏观了解人才分布情况。

安全性。数据服务基于腾讯云平台，提供物理机器的数据加密，多重数据备份、传输加密。

除了管理工具以外，人力资源部还应该制定简历管理的基本规范，让人事工作者按照统一的标准管理简历，包括简历分类规范、简历编号规范和简历处理规范等内容，如下例所示为某公司简历管理制度的规定。

案例实操

建立简历管理制度，规范管理简历

××公司简历管理制度

一、目的

为建立、健全应聘者资料储备机制，完善公司人才招聘流程，特制定本制度。

二、适用范围

人力资源部招聘组。

三、管理细则

1. 简历分类

（1）电子版简历：经网络招聘渠道下载的简历，按照招聘岗位存档。

（2）书面简历：经初次沟通有意向，可进入公司面试流程的应聘者简历，并建立相应的人才库。

①中高层人才库：主管级以上简历资料，共分9个文件档案盒。具体可细分为一级复试人才库和二级初试人才库。

一级复试人才库：通过初试的简历，之后按照部门存档备案，分为8个档案盒。

二级初试人才库：未通过初试的中高层简历，不打印，评语直接标注在电子版简历上，存档于中高层初试电子版人才库中。

②基层人才库：基层员工简历资料，同中高层划分一样，共分9个档案盒。

（3）简历编号

①电子版简历编号：电子版简历分为中高层简历库、基层简历库，按部门、日期进行编号。

②书面简历编号：根据最后面试官面试日期编定简历编号，具体为年份＋月份＋序号（序号取两位数，根据存档人的序列排列）。

2. 简历上报时间

（1）电子版简历：招聘专员于每日 17:00 之前上报到人才库，管理员每日下载简历，标注评语及沟通日期。

（2）书面简历：确定面试结果（淘汰）后，招聘专员于每天 17:00 前将简历上交到人才管理员处，由管理员进行统一的登记、入库。

3. 简历上报人

招聘组所有专员。

4. 人才库管理员

人力资源部指定人员。

5. 求职者信息反馈

（1）适用范围：未通过复试的应聘者简历。

（2）执行人：人才库管理员。

（3）反馈时间：每周五下午 14:00。

6. 简历处理

（1）电子版简历：管理员按照招聘的岗位进行电子版存储，并每 3 个月进行刻录，存文件档。

（2）书面简历：管理员按照简历面试的进程进行审核、编号和归档。简历存储期为一整年。每年 12 月末管理员整理需销毁的简历，进行销毁的审核报批。

此制度至下发之日起执行。

5. GROW 模型，员工辅导的有效方法

GROW 模型现在是很多管理者使用的培训管理方法，可运用于各种工作情境下，能够帮助人事工作者理清现状、减少干扰，找到对应的解决方法。GROW 的意思是成长，即指帮助员工成长。具体含义如下所示。

◆ G（Goal Setting）：确定员工业绩目标，也包含在日常工作和生活中的单一事件性目标。

◆ R（Reality Check）：指工作现状，要搞清楚目前的情况，客观事实是什么。

◆ O（Options）：指针对目前现状的一些有效的解决方案。

◆ W（Way Forward）：指制订行动计划和方案，包括人员、时间等内容。

GROW 模型常用来辅导员工，人力资源管理者在运用该模型时，要做好以下四个步骤。

①由于 GROW 模型代表了辅导的一个程序，所以管理者在一开始就要向员工表明沟通的目的，不要让员工不明就里。

②第二步就要向员工提出发现的一些问题，让员工注意到，并试着让员工分析产生这些问题的原因，在这个过程中要注意倾听。

③经过分析后就要制订方案，管理者不应该自行提出，而是应该主动询问员工的看法以及想到的解决方案，通过一些谈话技巧引导员工发散思维，如"还有没有更好的做法"。

④最后要制订出一个具体的行动计划，这个部分管理者要与员工一起讨论，鼓励员工，提醒员工注意细节方面的问题。

GROW 模型在人力资源管理方面该如何操作呢？来看下面一个例子。

案例实操

通过 GROW 模型与员工沟通

某公司由于业务扩张，需要招聘一个业务主管来负责业务扩张的相关事项，人力资源经理李某将此事交给了招聘小组的黄某去做，不过一周后黄某还没有招到合适的人选，向李某表示招聘有难度。

为了帮助黄某一起解决这个招聘问题，李某主动与黄某沟通。

G：确定员工业绩目标

李：小黄，你知道我们这次的招聘目标是什么吗？

黄：经理，我知道，是尽快找到一个有经验的业务主管。

李：没错，是为什么，你知道吗？

黄：公司的业务发展。

李：没错，公司近两年的业务扩展很快，在本市内已占据了很大的市场份额，现在需要扩张到邻市，需要一个业务主管来主持工作。你有没有考虑过业务人员何时到岗？

黄：我想是越快越好。

李：我们今年 4 月就要开始准备业务扩展的工作了，所以在那之前为好。

黄：我尽量在 3 月初筛选出合适的人选。

R：工作现状

李：目前还没有找到合适的人选吗？

黄：收到了一些求职者的简历，不过有些标准不太符合。

李：是通过什么渠道获得的简历呢？我们目前的招聘渠道有哪些呢？

黄：目前就只有网上招聘一条渠道。

李：目前还需要增加招聘渠道。

黄：我明白了。

李：等待人才投递简历并不是唯一的办法，或许可以利用人才库或是其他 HR 的人力资源主动寻找人才。

黄：那薪酬方面，若是对方不满意呢？

李：公司和市场环境的底线你都清楚，在这之上都可以商量。公司目前正是发展上升的时候，相信会吸引很多人才的。

O：针对现状的一些有效的解决方案

李：现在简历投递的数量还是太少了，你觉得有没有办法宣传公司的招聘信息？

黄：可以在招聘网站上推送，也可以做招聘广告。

李：那你去办吧，我们还有哪些资源可以利用呢？

黄：之前在猎头那里也获得了很多人力资源信息。

W：制订行动计划和方案

李：你有没有具体的工作计划？

黄：暂时还没有。

李：应该尽快着手制订一份了，现在可以简单谈谈基本的步骤。

黄：首先宣传招聘信息，网络招聘和现场招聘并行，再收集不同的资源，按标准筛选，之后准备面试和薪酬谈判。

李：有什么需要公司支持的，你可以尽管提出来。

…………

通过该例所示的方式，人力资源管理者可以按步骤引导员工解决目前的困局，提供相应的帮助和支持，可以不断培养员工解决问题的能力。

6. 多做一些功课召开高效会议

除了一些日常的人事工作外，人事工作者还需要组织或是参加有关工作会议。组织工作会议的可能是人力资源主管，也可能安排给员工组织。为了保证会议高效进行，避免相互扯皮，人事工作者要提前做好准备，让会议有序地进行，并围绕会议主题展开讨论。

而要想召开高效会议，人事工作者就必须要做好 10 件事，如图 3-8 所示。

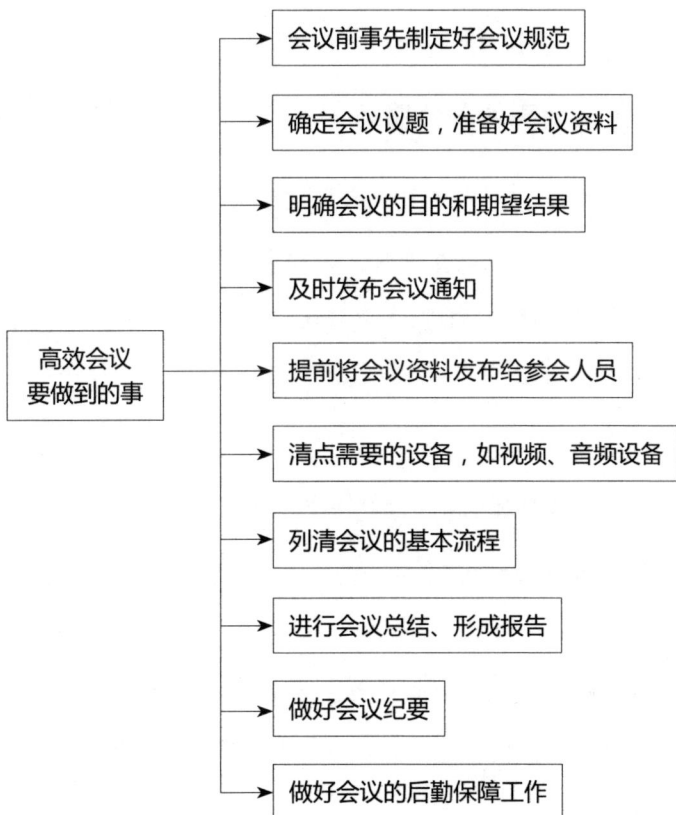

图 3-8 召开高效会议要做的事

对于召开会议的基本事项，人事工作者只要每项都做到位了，就能保证会议高效进行。下面对其中几项重点内容进行具体介绍。

（1）制定会议规范

会议召开涉及的人员复杂，且每次会议的参会人数不同，为了保证会议秩序，人事工作者可以提前制定会议规范，并随会议通知一起发布，这样能够提醒参会人员规范自己的行为，以免做出违规之事。如下所示为某公司制定的会议规范。

案例实操

制定会议规范，为高效开会服务

××公司会议管理制度

第一条　为进一步规范会议内容和程序，提高公司的办公质量和工作效率，建立健全决策机制，特制定本制度。

第二条　会议准备

一、会议通知

1.会议组织人员按计划表直接通知参会人员。

2.会议通知期一般应提前一天以上，通知对象为与会人和会务服务提供部门。

3.会议通知形式一般为电话通知。但需对会议议题、会议资料和会务安排等作特别说明的会议，应以会议通知单进行书面通知。

二、会议准备工作

1.会议组织者应提前准备好会议资料（如会议议程议题、提案、汇报材料、计划草案、决议决定草案和与会人应提交资料等）；落实并布置会场，准备好会议所需的各种设施、用品等。

2.会议会务服务统一归口行政部负责。

3.需要占用公司会议室的，应向行政部书面提出，由行政部统筹安排。

第三条　会议组织

一、会议组织遵照"谁主办，谁组织"的原则。

二、会议主持人

1. 主持人应提前 30 分钟到达会场，检查会务落实情况，做好会前准备。

2. 主持人一般应于会议开始后，将会议的议题、议程、须解决的问题和目标以及议程推进中应注意的问题等，进行必要的说明。

3. 会议进行中，主持人应根据会议进行中的实际情况，对议程进行适时、必要的控制，并有权限定发言时间和中止与议题无关的发言，以确保议程顺利推进及会议效率。

4. 属讨论、决策性议题的会议，主持人应引导会议得出结论。对须集体议决的事项应加以归纳和复述，适时提示与会人表明意见；对未议决事项应加以归纳并引导会议就其后续安排统一意见。

5. 主持人应将会议决议事项付诸实施的程序、实施部门、达成标准和完成时限等在会后跟进、安排，向与会人员明确。

三、参会人员

1. 应准时到会，并在会议签到表上签到。

2. 会议发言应言简意赅，紧扣议题。

3. 遵循会议主持人对议程控制的要求。

4. 属工作部署性质的会议，原则上不在会上进行讨论性发言。

5. 遵守会议纪律，与会期间应将手机调到振动或将手机呼叫转移至部门另一未与会人处，原则上不允许接听电话。如需接听，请离开会场。

6. 做好本人的会议记录。

四、会议记录

应设专用记录本进行会议记录并确定专人负责记录，会议记录应遵守以下规定。

1. 以专用会议记录本做好会议的原始记录及会议考勤记录，根据需要整理会议纪要。

2. 会议记录应尽量采用实录风格，确保记录的原始性。

3. 对会议已议决事项，应在原始记录中括号注明"议决"字样。

4. 会议原始记录应于会议当日、会议纪要最迟不迟于会议次日呈报会议主持人审核签名。

5. 负责会议考勤记录，并报会议主持人核准。

6. 做好会议原始记录的日常归档、保管工作，及时将经主持人核准的会议签到表的考勤记录报考勤人员。

五、会议纪要和会议记录的发放、传阅、归档

1. 会议纪要的发放或传阅范围由会议主持人确定，并由人事部办公室存档备查。

2. 会议记录员负责日常归档、保管，同时将一份副本送行政办公室统一归档备查。

3. 会议记录为公司的机要档案，保管人员不得擅自外泄，其调阅应严格按照公司文档管理制度和保密制度的有关规定执行。

第四条 会议保密

一、与会人员要严格遵守保密纪律，不得将会议内容、讨论的有关情况向外泄露。

二、会议议决事项应严格保密，除按规定履行职责需要外，与会人员不得外传会议讨论和议决情况。

三、故意泄漏、传播会议有关情况的，视负面影响的大小作出相应处罚。

第五条 迟到、早退、缺席

一、迟到：参会人员在会议规定召开时间后5分钟内未到的，计为迟到。

二、早退：凡参加会议人员，如未经主持人同意在会议结束前5分钟提前离开会场的，计为早退。

三、缺席：凡必须参加会议人员未经请假擅自不参加会议或请假未批准而不参加会议的，计为缺席。

从示例的会议管理制度中我们可以大致了解到，会议制度包含的内容一般为会议的准备规范、会议的组织规范、会议记录规范、参会人员规范和会议保密规范等。

当然公司、部门不同，会议性质不同，会议规范的重点内容也会有差别，有一些会议制度较为细致，还会规定会议纪要的格式。

（2）准备会议资料

会议资料是会议顺利开展的前提，准备好资料才知道自己想在会议上讲些什么，才能引导会议的进行。资料应以议题为基准，要先确定议题，才能准备资料。

如会议议题为"人才库的建立"，那么人事工作者或是管理者可能需要准备人才简历清单、人才收集渠道介绍和人才库建立重点事项汇总等资料。人事工作者可采用清单的形式记录，准备好一项后就在后面画"√"，见表3-4。

表3-4　会议资料清单

序　　号	具体资料	备　　注
1	人才简历清单	√
2	人才收集渠道介绍	√
3	人才库建立重点事项汇总	
……		

（3）会议通知

虽然会议通知是一件非常简单的工作，但是若人事工作者忘记了或是没有通知到位，那么可能导致会议活动延迟或终止。会议通知的形式有很多种，包括电话、邮件和工作软件等。

为了防止会议召开的有关信息遗漏，人事工作者应提前写好书面通知。会议通知的内容应该包括会议时间、地点、人员、注意事项以及需准备的资料（选择告知项），如下所示。

××讨论会定于×月×日10:00召开，现将有关事宜通知如下。

一、会议地点

××会议室。

二、会议内容

1.×××。

2.×××。

三、参会人员

张某、李某、谢某、明某……

四、相关事项

1.请参会人员提前10分钟入场，并在入口处签到。严格遵守会场纪律，自觉关闭通信工具或保持静音状态，不得无故迟到、早退或缺席。

2.参会人员原则上不能请假或代会，如确因特殊情况不能参会的，请提前半天向会议主持人请假，经同意后方可派其他人参加。

（4）列清会议的基本流程

保证会议有序进行必须提前列好会议流程，先谈什么、后谈什么，这样在参会人员跑题时，组织人可以及时将谈论内容拉回主题。一般组织人员有责任依据会议顺序引导参会人员进行讨论。

在确定会议开展顺序时，组织人员应该依照以下原则行事。

①主要议题在前，次要议题在后，舍弃不重要的议题。

②需要立即开展的项目议题在前，有时间余地的项目推后。

（5）会议表格工具

会议需要使用到的表格工具，会议组织者要提前准备，有了表格工具就能够更快速地记录有关事项，保存重要信息。在会议上使用到的表格工具主要有两种——会议记录表和员工签到表，见表3-5、表3-6。

表 3-5　会议记录表

会议名称			
会议时间	年　月　日　时至　时		
会议地点			
主持人		记录人	
出席人员			
缺席人员			
主要议题			
会议议程与发言内容			
备　注			

表 3-6　员工签到表

会议名称：			年　月　日	
序号	姓名	签名	签到时间	备注
1				
2				
3				
4				
……				

7. 内部员工激励，专业的 HR 这样做

人事工作者负责公司的一切人事活动，激励员工好好工作，提高工作效率是人事工作者的一项核心任务。因此，人事工作者应该掌握激励员工的方式和技巧。

（1）物质激励

员工上班也是为了获取工资，通过自己的劳动拿到合理的报酬是每个员工的最大愿景。所以物质激励是所有激励方式中最关键的，也是最有效的，人事工作者可通过制定薪酬奖励制度以及福利制度来激励员工。让认真工作、积极工作的员工可以看到他们的价值。

常见的物质激励手段见表 3-7。

表 3-7　物质激励方式

激励方式	具体介绍
计件制	一般来说，简单的计件制操作非常简单，计算方式也简单，所以很多工厂都会采用，计算公式如下 应得工资 = 完成件数 × 每件工资 这种激励方式以工作的数量为基准，完成越多，报酬越多，所以能够激励员工努力工作，不过要注意，使用该激励方式要做好质量检测，以免某些员工追求数量而忽视产品质量
佣金制	这种激励方式一般针对销售人员，销售人员销售得越多，得到的分成就越多，具体还可分为以下几种佣金分成方式 ①单纯佣金制，工资 = 每件产品单价 ÷ 提成比率 × 销售的件数 ②混合佣金制，由底薪和提成两方面组成，收入 = 销出产品数 × 单价 × 提成比率 + 底薪 ③超额佣金制，必须完成一定的定额才能开始获取佣金收入
绩效制	对于不能用产品数量来计算工作价值的岗位，一般会采用绩效制，设定一定的绩效考核内容、权重和绩效考核基数，来计算员工的最终工资
团队奖励	以团队或小组的方式对员工进行激励，若是团队做好某项任务或是达成企业目标，团队所有人员都可以获得一定的奖励，这样既可增强团队凝聚力，又能激励员工

物质激励除了员工的工资、奖金以外，还包括企业提供的福利项目，这能体现企业人性化的一面，提升员工对企业的好感度。通常，企业为员工提供的福利项目有以下一些。

休假制度。很多公司在法定节假日之外，还为公司员工提供了年假，让员工有多余的休假时间可以休息、陪家人。

集体旅游。很多公司会定期（每年、每半年）组织全体员工外出旅游、团建，一来可以加深员工之间的感情，二来能让员工放松一下。

节假日福利。遇上中秋节、端午节以及春节这样比较特殊的节日，公司可为员工准备红包或是月饼、粽子等礼品，表达对员工的关怀。

各种津贴福利。在夏季高温天气，为了鼓励员工工作，公司可以提供高温津贴、矿泉水；平时可以为员工提供交通补贴、午餐餐补和电话补贴等福利津贴，减小员工的经济压力。

（2）精神激励

精神激励与物质激励相对应，虽然物质激励非常重要，但员工也会在乎别人的评价，在乎个人价值的实现。因此，领导者也要想办法满足员工的精神需求，具体可从以下几方面来达到精神激励的目的。

尊重员工。虽然企业内部有上下级之分，但员工只是来工作的，并不是来承受管理者个人情绪的，管理者没有权利对员工随意辱骂，或随意轻视员工的工作成果。给予员工充分的尊重，能够间接带给员工信心，让员工更加自如地工作。

了解员工的看法。管理者一般是作决策的人，在作决策之前应该了解各员工的看法，让员工有参与感，这样员工会明确感受到自己的价值，会更加积极地参与到工作中，为项目发展提供自己的意见。

关心员工。除了工作以外，员工若在生活中遇到困难，管理者也应该积极帮助和关心，缓解员工焦虑和难过的情绪，以免影响工作，也让员工感受公司对其的重视。

8. 活用工具模板，提高工作效率

人事工作的常规工作几乎是固定的，不过根据时间、部门和外部环境的不同会有所区别，但人事工作者在工作中会运用到的各种表格和文件可以循环多次利用，灵活运用各种工具模板能有效提高工作效率。常用的人力资源工具分为两种，表格工具和文件工具。

（1）表格工具

人事工作者常用的表格工具有面试评估表、背景调查表和员工绩效反馈及改进计划表等，见表3-8、表3-9和表3-10。

表 3-8　面试评估表

应聘者姓名：	性别：		联系电话：			
应聘职位：	期望薪资：					
评价方向	评价要素	评价等级				
		1- 差	2- 良	3- 较好	4- 优	
个人基本素质评价	1. 礼貌与仪容					
	2. 言语表达沟通能力					
	3. 时间观念					
	4. 加班态度（是否认可或愿意加班、以前加班情况）					
相关工作经验及专业知识	1.					
	2.					
	3.					
录用适合性	1.					
	2.					
总分						
人才优势评估			人才劣势评估			

表 3-9　背景调查表

姓名	性别	身份证号码			联系方式	
毕业日期	毕业院校	专业	背调日期	背调人	背调方式	
公司一	××技术工作室					
联系人信息						
背调人信息						
任职情况						
工作表现						
薪资情况						
离职原因						
背调结果						
公司二	××有限公司					
联系人信息						
背调人信息						
任职情况						
工作表现						
薪资情况						
离职原因						
背调结果						

表 3-10　员工绩效反馈及改进计划表

姓　　名		工　　号				
部　　门		职　　务		考核月 / 季度		
考核分数		绩效等级		绩效系数		
考核摘要						
杰出的绩效（按重要性排列）	1.					
	2.					
	3.					
需要改进的绩效（按重要性排列）	1.					
	2.					
	3.					
绩效改进计划						
应采取的行动				完成时间		
绩效面谈时间				员工签名		
面谈者职务				面谈者签名		

（2）文件工具

人事工作者常用的文件工具有招聘启事、员工岗位说明、人力资源工作计划、人力资源部工作总结、录用通知书和劳动合同等。如下例所示为招聘启事的模板。

案例实操

招聘启事

本公司成立于××年×月×日，属于民营企业，目前为××行业龙头企业，主营业务为×××，现因业务发展需要，需招聘××岗位员工3名。具体要求如下：

1. 员工学历应满足大学本科及以上。

2.……

工作待遇面议。

联系人：张××

电话：135×××××××

××有限公司

对于人事工作者来说，无论是表格工具还是文件工具，在第一次设计时就要做好备份，以便日后直接使用，或是稍加修改后使用，比起重新制作，可以节约很多时间。

第4章

自我控制管理，果断行动培养良好习惯

员工想要在职场中生存，进行自我管理是必要的，有了良好的工作习惯才能有效地处理工作中的问题，才能在工作中不断地成长，最后在公司发展和自我提升上获得"双赢"。

1. 日事日清，今日事今日毕

可能很多人事工作者都有这样一种经历，就是每天都有一大堆工作，即使拼尽全力还是会有剩余，好像成为一个死循环，这是因为我们总是将当天没有完成的工作推到第二天来做，这样工作就越堆越多，最终影响工作效率。

人事工作者要知道，一旦开始拖延就很可能进入一个死循环，很难重新回到正常的工作步调，所以对待工作应该遵循"日事日清"的原则。不过，要做到日事日清却不是一件容易的事，需要从以下四个方面努力。

（1）做好工作计划

计划是各项工作的指导，要想"今日事今日毕"，首先要理清当天的工作，否则面对杂乱无序的工作，处理起来毫无章法，很难发挥工作能动性。在做工作计划时要考虑以下问题。

①根据重要程度和截止期限给当天的工作进行排序，并一一设定工作用时。

②按照设定的工作计划，有条不紊地开展工作。

③若遇工作麻烦，及时向同事请教，及时解决。

④若不能当时解决，则做好标记，之后统一解决。

（2）行动法则

计划得再好如果不付诸行动，都是没有意义的。所以人事工作者要明白行动的重要性，拒绝拖延，具体做到以下三点。

①不要迷信"准备工作"，非要等一切准备好后才开始工作，其实把过多的时间花费在准备上，反而降低了时间的性价比。

②琐事立即做，且尽量压缩时间。

③工作做到位，避免二次补救，再一次花费时间做同样的工作。

（3）利用软件

要想真正做到今日事今日毕，人事工作者可以利用工作管理软件来帮助自己达到目的，如"日事清"App 就是一款计划和管理工作的软件，提供管理工具和方法，能让工作变得井井有条。基本功能如图 4-1 所示。

图 4-1　日事清 App 的基本功能

利用"计划管理"功能，无论年度计划、周月计划还是项目计划，人事工作者都能详细设置，编写详情、上传附件、随时讨论，使工作进展一目了然，如图 4-2 所示。

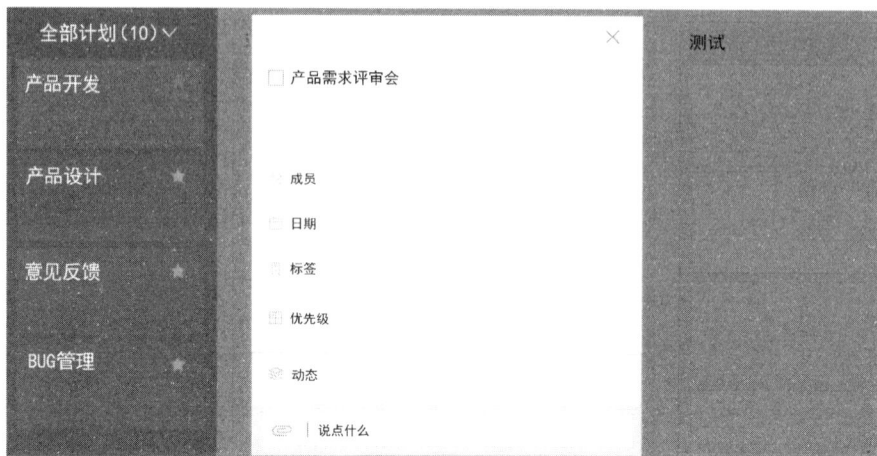

图 4-2 "计划管理"功能

从图 4-2 可以了解到，在添加计划的时候，我们可以对计划成员、日期、标签和优先级等进行设置，以提醒我们待办的工作任务。

（4）懂得拒绝

人事工作者要明白自己的工作重点是什么，应该把有限的工作时间花费在重要或紧急的工作上，而不是事事都做，对于一些琐事应该果断拒绝，对于不在自己责任范围内的工作也不要轻易接受。

2. 情绪管理，优秀 HR 的自我修养

情绪管理，指通过研究个体和群体对自身情绪和他人情绪的认识，培养驾驭情绪的能力，并由此产生良好的管理效果。现在，很多企业都将情绪管理作为管理者的基本能力。作为一名优秀的人事工作者，每天跟各种人打交道，更应该懂得如何进行情绪管理。

（1）心理暗示

心理暗示是非常有效的情绪管理方法，人力管理者可以通过语言、形象和想象等方法，影响自身的心理过程。然而自我暗示分为消极自我暗示与积极自我暗示两类。

积极自我暗示。能够不知不觉影响自身的心理状态，让自己保持平和稳定的心情、乐观的态度。

消极自我暗示。通过强化不好的因素，或个人性格中的弱点，让不安、自卑等消极情绪发酵，影响个人行为。

人事工作者一般可通过语言来暗示和指导自己的行为与工作，如在心里默念"这事还有转机""以后一定越办越好"，这样会自然而然引起积极的情绪反应。

（2）转移注意力

人事工作者若在工作中遇到冲突或不顺利的事情，可以先把注意力从不良事件上转移到其他事情上，待冷静一点再进行解决。可以通过更换环境、与同事沟通和休息等方式转移注意力。

（3）适度宣泄

情绪问题应该及时疏导，而不应压在心里，否则只会给自己带来巨大的心理负担，在合适的时机进行释放能让自己更冷静和轻松。职场人士可能在工作场所不好发泄，可在下班时间与朋友聚会时发泄心中的不快和委屈；或是通过运动的方式来疏解。

只有正确地疏导情绪才不会让自己跟着情绪走，能够尽量化解情绪问题才能更好地投入工作，提高工作效率。

（4）自我安慰

人事工作者在工作中可能会遇到一些挫折和困难，令人垂头丧气，产生挫败感，如果任由自己低沉下去会一直走不出来，这时要懂得安慰自己，为自己找一个合理的借口，这样能给自己一个缓冲。如"胜败乃兵家常事""塞翁失马，焉知非福"此类话语可以让人从另一个方面想问题。

（5）交往调节

除了工作上的问题外，对于企业内部的人际关系，若处理不好也有可能引发矛盾，不仅影响个人的心情，还会阻碍工作进程。人际交往以沟通为主，越是有问题就越要沟通，找到解决的办法。在沟通的过程中，自己也能逐渐变得理智，控制自己的情绪发酵。

（6）情绪升华

情绪升华是一种高级的控制情绪的方式，将消极情绪以更有益的方式转化，不仅不会受情绪影响，还会提升自我。如在工作受挫的时候，转而学习相关的工作技巧和理论知识。

3. 5S 现场管理，减少人为消耗

5S 现场管理法是现代企业管理模式，5S 即整理、整顿、清扫、清洁和素养，起源于日本，是指在生产现场中对人员、机器、材料和方法等生产要素进行有效的管理。

（1）整理

只对现场的物品进行整理，区分要与不要的物品，只保留必需的物品。

对于人事工作者来说，现场可以指办公室、会议室和招聘现场等。通过整理，对我们的工作有以下帮助。

①改善和增加工作的空间。

②现场环境无杂物，人员进出更方便顺畅，提高工作效率。

③减少磕碰的概率，能极大程度上保证人员安全。

④能消除物品混放、混料等事故，有利于物品的管理。

⑤可减少库存量，节约库存成本。

⑥能够改变工作习惯，提高执行力。

（2）整顿

对于工作中的必需品，人事工作者应该按规定摆放在相应的位置上，保持整齐有序，需要标示的物品应该明确标示。这样做可以节约寻找物品的时间，提高效率。在整顿时要注意以下两个要点。

①重要物品应确定固定的地点和区域，方便寻找，也不易出差错。

②确定物品摆放位置时要科学合理，否则在使用时会增添很多麻烦，如若依据物品的使用频率摆放，则越常用的东西越要放置得离自己近一些。

如下例所示为某公司人力资源部设计的《办公物品摆放规范》。

案例实操

制定办公物品摆放规范来辅助现场管理

××公司办公物品摆放规范

为营造良好的办公环境，创造有序工作秩序，养成良好的工作习惯，提高公司形象和员工精神面貌，结合公司实际特制定本规范。

一、原则

办公室内物品摆放应有利于工作开展，整齐划一，符合美观、简洁、大方、实用、统一的原则，物品摆放应以通用办公物品为主。

二、办公室公共区域物品摆放规范

1.储物柜顶部，原则上不摆放任何物品，若放置少量物品则要定位摆放整齐。

2.暖气片上不得放置任何物品。

3.公共桌面及公共区域不得随意堆放无关物品，若临时放置，须摆放整齐并及时移除。

4.公共物品使用后要及时放回原位，摆放整齐。

三、办公桌面物品摆放规范

1.桌面摆放电话、电脑、笔筒、水杯、文件框和日历等必需办公用品及绿植等少许装饰品，其他物品尽可能放置在抽屉内，所有物品定位摆放整齐。

2.下班或长时间离开工位时，桌面物品要归位、摆放整齐，手头文件等临时物品不得留在桌面上。

3.办公桌抽屉等私人空间，按照各办公室内部要求或者个人习惯，分门别类存放物品，整理整齐。

四、工作椅摆放规范

1.在公司范围内（会议室、个人工位或其他位置等），起身离开时工作椅须及时归位，若短暂离开也应将其归位。

2.请勿随意搬移或旋转无人工位椅子，保持定位摆放。

3.公司所有椅子在无人使用时，都应定位摆放。

五、文件存放规范

1. 文件按类别存放，摆放整齐，并标识清楚。

2. 存放在不透明储物柜中的文件、样品等物品要在储物柜上标注名称、类别等。

3. 新文件、样品等要及时按照要求归类存放。

人力资源部

20××年×月×日

（3）清扫

人事工作者要随时清除工作现场内的脏污，将工作区域的物料垃圾清除，保持工作现场的干净。这样做时，若是工作现场出现什么异常，也能及时发现，操作时要注意以下两点。

①自己使用的办公物品，如设备、工具等，要自己清扫。

②对于电脑设备等的清扫，应着眼于对设备的维护保养，将清洁与维护结合在一起，使设备的使用时限变得更长。

（4）清洁

清洁指将整理、整顿和清扫实施的做法制度化、规范化，维持其成果。保持和维护整理、整顿及清扫的效果，使工作空间保持最佳状态。具体需做好以下注意事项。

①不仅工作环境、物品要清洁，员工个人也要做到清洁，包括工作服、仪表等方面。

②清洁还包括员工态度和精神面貌，员工要理解企业文化，做到工作积极、尊重同事。

③确保环境不受污染，消除工作空间的空气污染、噪音以及污染源，

预防职业病。

（5）素养

所谓素养即指职业素养，员工按照企业的规章开展工作，养成良好的工作习惯，可从总体上提升员工的素养。

员工通过实践 5S 管理可获得自我提升，与此同时，企业的整体人力资源管理水平也会提高。

4. 简洁办公，创造舒适的工作环境

工作场所是职场人士办公的地点，保持办公环境的舒适整洁，对工作效率有很大的积极影响。一般来说，企业会根据自身情况设置环境管理细则，从公共环境到办公环境，再到员工个人、物品的卫生要求。

如下例所示为某公司设计的办公环境卫生管理细则，人事管理者可以借此让员工重视办公环境的维护。

案例实操

制定办公环境卫生管理细则，营造良好的办公环境

××公司办公环境卫生管理细则

第一章　总则

为加强公司环境卫生的管理工作，培养员工良好的卫生习惯和工作作风，以便全体员工拥有整洁舒适的工作环境，提高员工的工作效率和质量，特制定本管理细则。

第二章　适用范围

集团全体员工。

第三章　定义

1．公共区域

包括办公室过道、会议室，每天由专人（保洁员）清扫。

2．个人区域

包括个人办公桌及办公区域，由工作人员每天自行清扫。

人事部负责监督，并进行抽查。

第四章　工作范围及要求

1．公共区域环境卫生

（1）保持公共区域及个人区域地面干净，无污物、污水、浮土，无死角。

（2）保持墙壁清洁，表面无灰尘、污迹。

（3）保持挂件、画框及其他装饰品表面干净整洁。

（4）保持卫生工具用后及时清洁整理，保持清洁，摆放整齐。

（5）垃圾篓及时清理，无溢满现象。

2．办公用品的卫生管理

（1）办公桌面：办公桌面只能摆放必需物品，其他物品应放在个人抽屉，暂不需要的物品就放回柜子里，不用的物品要及时清理掉。

（2）办公文件、票据：办公文件、票据等应分类放进文件夹、文件盒中，并整齐地摆放至办公桌左上角位置。

（3）办公小用品：如笔、尺、橡皮、订书机和启钉器等，应放在办公桌一侧，使用完后放到原位。

（4）电脑：电脑键盘要保持干净，下班或是离开公司前电脑要关机。

（5）报刊：报刊应摆放到报刊架上，要定时清理过期报刊。

（6）打印机、传真机、文件柜等摆放要整齐，保持表面无污垢、无灰尘和蜘蛛网等，办公室内电器线走向要美观、规范，并用护钉固定，不可乱搭接临时线。

（7）新进设备的包装和报废设备以及不用的杂物应按规定的程序及时予以清除。

3. 个人卫生

（1）不随地吐痰，不随地乱扔垃圾。

（2）下班后要整理办公桌上的用品及座椅，切断电源。

（3）禁止在办公区域抽烟。

第五章　各办公区域卫生保证措施

要求员工每天自检，上班前用 3 分钟时间清洁办公设备，下班前整理办公台及周边环境；每周整理抽屉和侧柜。

人力资源部每天对各部门卫生进行不定时抽查，对不足之处提出指导意见，要求其进行整改。对指出整改部分完成不到位者将处以每次罚款 10 元的经济处罚。

人力资源部

20××年×月×日

5. 自我投资，提升人资胜任力

现如今职场环境瞬息万变，即使是顺利入职的职场人士也不能保证自已能永远适应现在的工作。在工作中，人事工作者除了积累工作经验外，还要不断地提升自己，让自己不能轻易被取代。那么要如何投资自己呢？员工可从以下两个方面入手。

（1）确定职业生涯目标

要投资自己首先要知道自己发展的目标是什么，才能据此找到投资学习的项目。如技术人员要多学先进的技术知识，销售员要学习沟通技巧，HR 则要不断学习人事管理技巧。

作为一名人事工作者，在确定其职业生涯目标后，还要设计具体的职业生涯规划，划定好基本的时间阶段，如人事助理（ 2 年）→专员（2—5 年）→主管（5—10 年）→经理（10—15 年）→总监（15—20 年）。图 4-3 所示为设计规划的步骤。

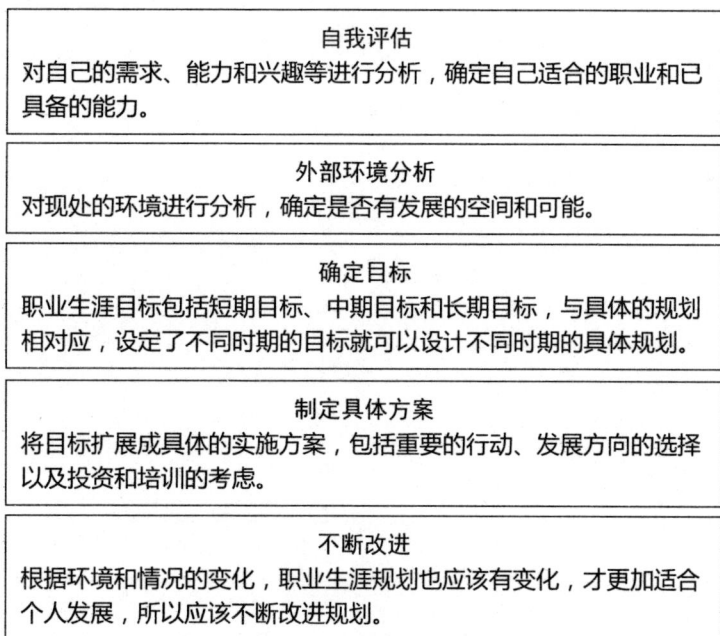

> **自我评估**
> 对自己的需求、能力和兴趣等进行分析，确定自己适合的职业和已具备的能力。

> **外部环境分析**
> 对现处的环境进行分析，确定是否有发展的空间和可能。

> **确定目标**
> 职业生涯目标包括短期目标、中期目标和长期目标，与具体的规划相对应，设定了不同时期的目标就可以设计不同时期的具体规划。

> **制定具体方案**
> 将目标扩展成具体的实施方案，包括重要的行动、发展方向的选择以及投资和培训的考虑。

> **不断改进**
> 根据环境和情况的变化，职业生涯规划也应该有变化，才更加适合个人发展，所以应该不断改进规划。

图 4-3　设计规划的步骤

（2）做好学习计划

设计好了职业规划的具体内容后，员工便可据此列明学习内容，设计具体计划，最好是阶段设计，这样自我投资更精准。除了学习计划外，员工在工作岗位上也要注意工作经验的汲取和总结，这也是一种非常有效的学习方式。

拓展贴士 *HR 发展的 3 个方向*

一是人力资源专家，职业渠道：助理→专员→高级专员→资深专员→专家→高级专家。

二是人力资源管理人员。职业渠道：助理→专员→主管→经理→总监→分管副总。

三是人力资源业务方向。职业方向：专业猎头、专业讲师、管理顾问和专栏作者等。

高效沟通策略，跨部门合作必备技能

企业内部各部门间连接紧密，为了企业的发展，各部门员工能友好协作，各自贡献自己的力量，共同完成工作，掌握沟通的技巧尤为重要，尤其对于人力资源部的员工来说，需要经常与各部门打交道，沟通能力更是工作能力中的一项重要能力。

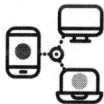

1. 面试沟通，问对问题很重要

面试即 HR 通过与应聘者面对面交流，以确定双方是否是对方选择的对象。面试活动是企业重要的活动，HR 也要引起重视，在与应聘者沟通的时候要注意沟通的技巧，从而提高面试的效率。

HR 若是想要得到应聘者的信息，就要懂得问问题，很多时候提问方式不同，得到的信息也不同。提问的方式有很多，HR 要懂得选择。

（1）封闭式提问

封闭式提问主要用在 HR 想明确某些问题、确认资料信息的时候，应聘者不需要就问题展开叙述，而只需要回答"是"或"否"就可以了，这是非常简单的一种提问方式，也是面试中常见的提问方式，一般在面试开始阶段使用。

这类问题大多以"能不能""是不是""会不会""可不可以""多久"和"多少"等开头。

"我们这个工作的性质和其他工作不一样，你能接受加班吗？"

"你在大学学的是计算机管理专业，对吗？"

"你有没有参与过工程设计的有关项目呢？"

（2）开放式提问

开放式提问与封闭式提问刚好相反，是指提出比较概括、广泛或范围较大的问题，对回答的内容限制不严格，给应聘者以充分自由发挥的余地。开放式提问常常运用"什么""怎么""为什么""如何""哪些"

等语句发问。

这样可让应聘者对有关问题、事件给予较为详细的回答，使对方能更多地、更清楚地表达想法和情绪等，而不是仅仅以"是"或"不是"等几个简单的词来回答。通过开放式问题，HR能根据详细的信息了解应聘者的个人能力。

"为什么去年你换了两份工作，可以说说具体原因吗？"

"你参加过哪些广告设计项目呢？"

"你觉得你的专业对这份工作有哪些优势呢？"

（3）连串式提问

连串式提问指通过一连串的问题考察应聘者的反应能力和逻辑思维能力，这种提问方式会带给应聘者一定的压力。进行连环提问时，HR要注意问题的逻辑性，不要将不相关的几个问题放在一起询问，而应该循序渐进，更加深入地提问。

"那么我想知道你为什么会选择我们公司呢？""你有没有信心担任××职位负责人呢？""今天来到我们公司，觉得我们公司的环境如何？""和你想象中的有没有差别？"

"之前你在从事××工作的时候，有没有出现过失误？""是否重大？""当时你是怎么解决的？""此事有给你带来什么经验吗？""如果再遇到此类事件，你会处理得更好吗？"

（4）压迫式提问

压迫式提问是一种技巧性的提问方式，HR可以通过压迫式提问制造紧张的氛围，以此考察应聘者在这种情况下的表现，可从侧面观察应聘者的抗压能力，并确认简历信息是否真实，如下所示。

"根据你的简历，2018 年时你在读研，可你为什么当时又参与了 ×× 公司的重要项目？"

"你曾经有过连续跳槽的经历，这是否说明你有些好高骛远？"

"你并无从业经验，你如何能胜任 ×× 岗位呢？"

（5）假设式提问

假设式提问以过去或以对未来的假设作为提问的出发点，HR 通常会设计一系列情境来考察应聘者处理问题的能力和实际工作能力。越是在具体的情境下，越能看出应聘者的工作经验。常见的问题类型如下所示。

"如果你担任了 ×× 职位，在一次临时策划中，你的小组成员意见各不一致，你会怎么办？"

"如果你遇到采购材料有质量问题，但是生产任务又很紧张的情况，你会怎么解决此事呢？"

2. STAR 面试法教你发问

HR 进行面试前都会通过简历信息对面试人员有个初步了解，为了了解更多的信息，也为了确认简历信息的真实性，HR 要在与应聘者沟通中确认这些信息，且要围绕简历内容展开。

HR 可通过 STAR 面试法来达到目的。STAR 面试法是企业招聘面试过程中经常采用的技巧，其中，"STAR"表示 Situation（背景）、Task（任务）、Action（行动）和 Result（结果）。这四个方面分别代表的具体含义见表 5-1。

表5-1　"STAR"的具体含义

单　　词	具体含义
Situation（背景）	Situation就是指某项工作任务的完成背景，通过对工作业绩的背景进行询问，可以全面了解应聘者得到优秀业绩的前提，以此辨别其实际能力到底如何
Task（任务）	任何一项工作任务都应有具体的环节和步骤，HR应该向应聘者了解其完成某项工作任务的具体步骤，这样可以了解应聘者的工作经验，以及其是否真的适合招聘岗位
Action（行动）	Action指应聘者完成工作任务采取的主要行动，以此我们可以掌握其工作方式、逻辑思维能力和行为方式
Result（结果）	了解工作结果的好坏，是为了了解导致这种结果的具体原因，这样可以看到应聘者的优点和缺点

那么，HR应该如何应用"STAR"面试法呢？可以从以下三个步骤入手。

（1）建立岗位素质模型

企业人力资源部应与各部门协作一起建立各重要岗位的素质模型，并以此作为招聘的评估标准，这样能够更专业和系统地考核应聘者是否适合该岗位工作。首先需要分析出胜任该岗位的核心素质，然后进一步分级或分类。

（2）设计面试题库

有了岗位素质模型后，HR可针对罗列的要项设计面试题库，每条岗位素质项目可对应5个左右的面试题目，这样基本能了解到想要了解的内容。如考察行政人员是否具备沟通能力，可设计以下几个问题。

如果在设计公司有关制度时，你和行政主管的意见有分歧，你会怎么做呢？说一个你的真实经历。

当你的工作需要公司其他部门的配合，但是由于其他部门的工作紧张，所以并不配合，你怎么处理呢？说一个你遇到的相似的工作经历。

在之前的工作中，你是如何与上级或是下属进行沟通的？有没有发生过争吵？这样的情况多吗？

（3）结合事实进行追问

在实际面试面谈过程中，HR 要注意根据应聘者的回答对更加具体的情况进行询问，直到了解清楚背景、任务、行动和结果这四个方面的内容。

HR 在实际的面试过程中，除了提前设计的问题外，还应根据应聘者的回答选择性追问，以了解更详细的情况。

如下例所示为某企业 HR 使用 STAR 面试提问方式的面谈内容。

案例实操

运用 STAR 面试法详细了解应聘者情况

2020 年 12 月初，×× 有限公司开展了广告设计师的招聘活动，HR 为了考察应聘者的团队合作能力，与应聘者有了以下对话。

HR："在过去的工作经历中，你通常是一个人进行设计工作，还是以小组的形式进行工作？"

应聘者："简单的设计一般都是由我个人完成的，对于比较重要的客户，公司一般会安排团队合作。"

HR："在团队合作中，是否会因为设计理念不同，而与同事出现争执？能说说具体的情况吗？"

应聘者："去年 9 月份的时候，我在 ×× 设计工作室担任广告文案设计师，我和同事一同担任了某客户的文案设计负责人，不过就设计的侧重有了分歧。"

HR："具体是怎样的分歧呢？"

应聘者："我们接到的客户订单是为其公司冬季新款运动鞋做文案设计，重点推出产品的轻便性和最新的款式。我与同事在开小组讨论会时，我提出了以色彩为重点渲染的设计观点，而对方希望以场景来自然展现。"（Situation）

HR："那最后的结果是怎样的呢？"

应聘者："最后我的方案被采用了。"（Result）

HR："为什么？"

应聘者："为了解决当时的问题，我们采用了小组投票的方式来决定采用谁的方案，我准备充足，全面地阐述了自己的设计思路和出发点，得到了大家的认可。"（Task）

HR："你是怎么阐述自己的设计方案的？又做了哪些准备？可以详细说说吗？"

应聘者："我收集了该客户公司历年的广告设计，发现他们的广告文案中有很多主打场景的设计，我觉得一种设计理念最好不要重复使用，容易让人没有新鲜感，加之他们今年推出了新款式，应该结合其公司形象打造新颖的设计，并用颜色来突出。通过不同设计方案的对比，我的观点得到了有力印证，所以被大家选择了。"（Action）

HR："好的，我明白了"

该例中 HR 步步推进，了解了应聘者在背景、任务、行动和结果这四个方面的情况，判断出应聘者的工作能力很强，行动力也强。

3. 30秒电梯法则，简明扼要阐述观点

　　麦肯锡公司曾接待了一个非常重要的大客户，在咨询结束后，麦肯锡公司的项目负责人在电梯里遇见了对方公司的董事长，对方公司的董事长于是就项目的结果向项目负责人进行询问。不过因为该项目负责人没有准备，一时之间难以应对，且电梯从30层到1层的时间太短，很难将结果说明白，导致对方公司董事长对公司印象不佳。最终，麦肯锡公司失去一单大项目。

　　从此，麦肯锡要求公司员工培训自己的逻辑能力和概括能力，凡事要在最短的时间内把结果表达清楚，弄清结果和主题。麦肯锡还提出，人在短时间内能记住的不多，所以凡事要将内容归纳在三条以内。

　　通过麦肯锡公司的例子得出了一条法则，即电梯法则，用极具吸引力的方式简明扼要地阐述自己的观点。在职场上我们常常会面临与他人交流业务的情况，所以应该掌握电梯法则，满足以下三点基本要求。

　　①从开头吸引眼球。在与有关人员交流业务活动的时候，如能在开头部分就吸引住他人的注意，可以更好地阐述自己的观点。

　　②简短精炼。长篇大论只会让人搞不清重点，而且毫无吸引力，所以控制内容的多少十分重要。

　　③提炼观点。说话应该向写文章一样，要有逻辑性和基本的观点，最好列明一二三点，或是说出"因为……所以……"这样逻辑性强的内容，这样才能展现专业性，才能说出重点内容。

　　在平时的工作中，人事工作者可以通过以下步骤来训练自己，让自己

掌握电梯法则要领。

◆ 做好前期准备。

个人积累是熟悉业务的基本法则，对业务和自己的工作内容熟悉之后，自然对工作内容了然于心。人事工作者对每一项工作的重点、现状、环境、优势和人员等进行充分了解，这样无论是遇到突发情况还是会议讨论，都能应对自如，所以不要小瞧或放弃准备工作。

◆ 培养快速分析能力。

工作上的沟通总是存在很多变化，我们需要根据对话的变化快速分析，进行相应的回答。所以在平时就要培养自己快速分析的能力，可以自己考验自己，或与自己对话，长期的训练一定会让人事工作者养成结合关键信息分析问题的能力。

◆ 归纳要果断。

对重点内容的归纳要果断，快速选定重点内容，能更加有效地进行归纳，否则内容一旦繁杂，分析起来就犹豫不决，难以决断。人事工作者在平常就可以将自己需要讲述的内容列出提纲，按照提纲的结构表达观点，这样归纳能力就能日渐提升。

4. 学会与上级沟通，才能达到合作默契

职场中上下级的关系是最微妙的，上下级只有关系融洽才能提高整体工作效率，上级领导也能发现员工的优势，员工工作起来也更得心应手。作为一般的人事工作者要如何与上级沟通呢？首先应该注意以下

几项原则。

第一，明确沟通目的。与上级沟通的情况有很多种，如希望上级指导工作、向上级汇报工作和希望上级给予帮助等，沟通的目的不同，沟通的内容和方式也就不同。

第二，积极主动。不论什么情况下，员工都应该主动向上级汇报工作的有关情况，或是同事之间的问题，而不是等上级来主动了解情况。对于上级安排的工作，员工也应该自觉汇报项目进度。员工要考虑到上级工作繁重，很多事情可能会有遗漏，所以应该主动一点。

第三，换位思考。上下级的工作性质、工作内容等都不同，所以容易出现分歧，员工应该懂得换位思考，如对领导安排不解时，可以反过来想想"如果我是领导会怎么处理？"，以此尽量理解上级，找到可以沟通的交点。

第四，学会反省。如果与上级沟通有障碍了，要学会反省自己有没有什么做得不恰当的地方，通过自问自答的方式找到不妥之处，主动与上级交流。

第五，不卑不亢。只要是工作上的交流，员工不用过分紧张和小心，但也要保持谨慎严肃的态度，只有与领导平等沟通，才能真正理解对方的立场和做法，达成共识。

第六，以工作为主。上下级之间的沟通因多以工作为主，尽量不要涉及个人话题，尤其是双方的隐私。只要出发点是为了工作，为了团队利益，就能够有效交流。

人事工作者应该掌握哪些与上级沟通的技巧呢？具体包括以下三项。

（1）在心里复述上级讲话

如果在与领导沟通时，对有些地方不能理解，可以在上级讲话完毕后，在心里复述一遍其表达的内容。通过复述能够间接在头脑中思考一遍，有助于真正理解上级的想法。

然后可将自己的理解表述给上级，寻求上级的肯定，同时也可以得到最正确、最直接的答复，不需要担心若是理解错误怎么办。领导更看重认真的员工，也更愿意员工当时提出问题，而不是在具体操作的时候出问题。

"本季我们应该多设计一些运动款，放弃以经典款为主，通过色彩的搭配，让套装有眼前一亮的感觉。"

"那……我们是要经典款和运动款兼顾对吗？"

"当然。"

（2）了解领导的建议

向领导汇报工作的时候，若是担心自己的想法不能被领导理解，或是造成歧义而给之后的工作带来影响，员工可在与领导交流后，更进一步地地询问领导的意见或建议，这样就能根据领导的回答了解其是否清楚自己的表述。

"我们本季度的销售量为 5 600 件，主要销货方有 ××、××、××，其中，×× 要价最低，我们的利润有限，不过其为我们的老顾客，且订购量大，所以一直没有机会向其谈提价，如果要提高我们的利润，可能需要改变现状，不知您是否同意？"

"的确，你说的问题是公司的一个大问题，也是老问题了，越早解决，公司能够获得的利润越高。"

"是的，我们组这次是想借着续约，与对方重谈售价的问题。"

"那就这样做吧，一定要注意不能与对方产生冲突，毕竟××还是我们的主要购买方。当然，我们要做两手准备，多找寻一些可靠的购买方，以免我们过于被动。"

（3）直接陈述

有的时候表述方式的不同也会影响意思的传达，在需要上级帮助，或对上级有所建议时，采用陈述句远比转折句更有理有据，更能让上级接受。

【转折句】

"你接下来主要负责本年度的人力资源规划工作，注意结合各部门的人力资源需求。"

"好的，不过对我来说，让各部门配合有点困难，可能会影响工作的进度。"

【陈述句】

"本次的招聘活动由你来做，你觉得如何？"

"好的，这次是为销售部招聘销售总监，我们人事部需要销售部提供岗位说明书，还需要了解招聘活动的大致预算，这样才好做招聘计划。"

"这是自然的，我会与销售部的主管沟通，他们会尽量配合我们工作的。至于预算，公司没有具体规定，按照以前的活动预算来办吧。"

"那我先拟订一份销售计划，交给您过目。"

"好的，就在这一两天内整理好，明白吗？"

"没有问题。"

从案例中可以看到，直接陈述可以列出几点需求和见解，更加清楚，而且不会表现出畏难情绪，只会让上级看到员工思路清晰且有逻辑性，办事能力强。

5. 薪酬谈判沟通，如何有效说服他人

在招聘活动中，HR 主要关注应聘者的能力与经验，而应聘者主要关注薪酬与发展机会。考虑到人工成本等一系列问题，作为 HR 要为公司着想，在可能的情况下，将薪酬维持在合理的范围内。很多时候，可能双方的要求达不到一致，需要进行谈判沟通。表 5-2 所示的一些谈判技巧，可以维持双方的平衡。

表 5-2　薪酬谈判技巧

技　巧	具体介绍
不过早漏底牌	在薪酬谈判时，若应聘者提到试用期工资、转正工资以及福利津贴，HR 不要轻易将自己的底牌透露出去，最好依据公司的合理薪酬范围，取最下值和中间值，为自己争取谈判的空间
提早了解员工薪资需求	有经验的 HR 不会等到最后的薪酬谈判环节才了解候选人的薪资需求，而是在整个面试过程中，包括初试、复试和终试，要有意无意地对应聘者的薪酬需求进行了解。最好在一开始就请应聘者填写期望薪资，然后筛除极不符合的应聘者，还能提早针对相应的薪酬需求做好薪酬谈判准备
薪酬标准	定薪标准是进行薪酬谈判的依据，HR 可以与部门负责人一起参与定薪，并将结果反馈给公司管理人员，得到批准后再据此进行薪酬谈判
给予压力	在谈判时，HR 要有气场，不应轻易妥协，否则应聘者就会得寸进尺

续表

技　巧	具体介绍
降低人才价值	一般来说，越是优秀的人才对薪酬的期待越高，同时也十分清楚自身的价值。HR 要懂得适当降低或弱化人才的价值和重要性，有意无意透露岗位的竞争性很大，以此降低人才的心理预期，这样才有谈判的余地
提出薪酬补充	如果薪酬实在难以达到候选人的心理预期，而根据企业内部的薪酬体系，HR 也无法再进行调整，不妨换一种思路，给予员工别的补偿，让员工觉得有一定的价值，如从企业规模、发展机会、福利待遇和绩效薪酬等方面来提高企业的优势，让候选人看到除薪酬以外的益处，可以提高其接受的可能性
多次谈薪	薪酬谈判并非要一次解决问题，HR 不必急于求成，由于涉及薪资，所以双方都会不遗余力地争取合适的薪酬。在这种状态下，要给对方留有考虑的时间，HR 自己也可以重新寻找合适的应聘人员

拓展贴士 *定薪依据*

①同行业市场薪酬水平。行业市场薪酬水平可以说是定薪的基础，对于一般的企业来说，员工薪酬水平应在同行业平均水平上下。

②应聘者自身能力。应聘者的自身能力是定薪的最大要素，包括其职业素养、学历、毕业院校和工作经验等，这些都决定了其能否为公司带来利益。对于高级人才，HR 要考虑为其提供丰厚薪酬。

③企业薪酬体系。HR 要按照企业的薪酬体系来与应聘者谈判，企业薪酬体系可能会高于或低于市场薪酬水平，HR 在谈判时应尽量让应聘者接受公司的薪酬结构和标准，不能擅作主张改变公司的薪酬结构。

④员工状态。已经离职的求职者，其求职意愿强烈，有一定的经济压力，HR 有更多谈判空间。而还未离职的求职者，没有什么压力，在定薪时可在原薪酬的基础上按 0 ~ 30% 的空间进行浮动。

6. 运用谈判技巧"套出"期望薪金

薪酬谈判当然是"知己知彼，百战不殆"，若能尽早知道对方的期望薪金，HR 不会那么被动，也可找到一个平衡点，让谈判双方都能满意。了解应聘者期望薪酬应在谈判的开始阶段进行，在询问时也不要太生硬，要以自然过渡的形式让对方接受。

"顺便了解一下，你觉得多少薪资可以接受呢？"

"你接受的薪资范围大概在多少呢？"

"你自己给自己预设的薪酬下限是多少呢？"

"我想我们在面试中对你的基本情况已经了解得差不多了，现在想顺便了解一下，你目前的薪资范围是怎样的呢？"

"你是否愿意透露自己能接受的薪酬下限？"

上面所示的这些询问方式大致可以分为两个类型，HR 要对两个要素加以运用。

①多用表示委婉的词语，或是模糊数字的词语，如左右、范围、大致、可能、上限和下限等。

②不能直接开口，要有过渡语，如"接下来……""顺便……""从刚刚的对话中我们了解到……""那么……"等。

如下例所示为某公司进行招聘时，HR 与应聘者就期望薪资所进行的对话。

案例实操

了解应聘者的期望薪金时要注意方法

　　HR：“李玉，你好，恭喜你通过了我们的几轮面试。”

　　李：“谢谢。”

　　HR：“从几轮面试来看你的各方面能力都很好，包括一些业务经验、英语能力还有沟通能力。”

　　李：“多谢您的肯定，我一定能带来自己的价值。”

　　HR：“你的简历做得很有特色，我看了一下，你的简历上有写自己的薪酬大概在每月 7 000 元左右，不知你现在在这个薪资标准上还想要加多少呢？”

　　李：“其实我的薪资都是相对我付出的价值而来的，进入公司后我的工作负担比原来要重些，工作任务也会增加，所以我觉得自己的薪资每月再加 3 000 元是没有问题的。”

　　HR：“好的，我了解了。”

7. 留出薪酬谈判的空间

　　负责过薪酬谈判的人事工作者应该明白谈判空间对最终结果的重要性，一开始留有余地，之后谈判的掣肘也少些。要想得到谈判的空间，HR 首先要做好准备，收集可用资料；其次，可通过以下几个步骤给对方施加压力，让对方跟着自己的规则走。

（1）初期压缩期望薪酬

HR 在初试时便可与应聘者沟通薪酬问题，这时员工是否被录用还是未知数，公司占主导地位，对方会因此有所顾忌，为加大被录取的胜算，可能会尽量压缩自己的期望薪酬。

若应聘者在初试时提到的期望薪酬合理，那么接下来就好谈了，HR在正式谈判前收集好初期的资料，就有很大的优势。总而言之，在谈判前期，HR 快速将薪酬底线压到合适的位置，后面谈判起来就容易多了。

案例实操

锁定工资下限

HR："在之前的面试环节中，你也曾提到自己的期望薪资在 6 000 元以上，是吗?"

张："是的，其实我在之前的工作岗位，每月的基本工资是 8 500 元。"

HR："你之前是在 ×× 公司担任财务助理对吗?"

张："没错。"

HR："据我所知，×× 公司的普通员工的工资每月一般在 5 000 ～ 6 000 元，不知道是不是这样?"

张："嗯……您了解得很全面，不过工作较忙的时候，我们的工资也会向上波动。"

HR："其实在财务助理这一方面，6 500 元的基本工资是非常合理的，你觉得呢?"

张："差不多吧，行业薪资水平是这样的。"

上例中 HR 依据初试环节的信息，结合行业水平，快速锁定了招聘对象的薪资下限，使谈判空间变大。

（2）分解薪酬结构

很多时候我们谈到薪酬都说得很笼统，其实很多公司都划定了薪酬结构，除了基本工资，还有绩效工资、延迟工资、企业业绩、工龄工资、补贴补助、销售奖金和计件工资等薪资种类。

HR 在谈判时要懂得利用薪酬结构，将薪资分解开来，腾出更多可谈判的空间，如下例所示。

案例实操

提出"基本工资 + 业绩工资"的模式

张："我在行业内也干得比较久了，所以每月 9 000 元的工资是很合适的，如果不是搬家，我也不会轻易换工作。"

HR："张女士，您看这样好不好，我们每月给您 7 000 元的固定工资，以您的能力和经验，每月应该能拿到 2 000 元的业绩工资，我们每月再补助您 200 元的交通费，您觉得呢？"

张："这样值得考虑，不过业绩奖金是如何算的呢？"

（3）提出自己的定薪标准

为了在谈判过程中不至于被动，HR 一定要传递本公司的定薪标准，防止应聘者以之前的薪资和行业薪资标准来做筹码。

HR 要掌握先机，让对方知道公司的定薪标准有自己的考量，包括行业水平、发展状况、部门特性和人员结构等因素，这也从侧面向应聘者传递了一个信息，即公司岗位工资是有规定的，并不会由着对方"漫天要价"。

案例实操

以公司薪酬规则来谈判

HR："我们公司一般招聘采购员的薪资是每月 3 000 元左右，这样你接受吗？"

张："我觉得可能有点不符合市场价格，我有一些做采购的朋友每月的工资都在 4 000 元以上。"

HR："是这样的，我们公司比起其他大型贸易公司，还在起步阶段，所以员工薪资与市场水平相比较低，为了增大公司内部的竞争性，我们特意将基本工资定得比较低，而将绩效工资的比例定得比较高。"

张："其实，在之前公司工作的时候，我的工资要更高一些，更换工作，我当然希望自己的工资能够更上一层楼。"

HR："这个我们也能理解，但是我们公司刚起步，员工人数不是很多，业务量也很充足，如果你认真工作，我相信绩效工资一定能让你满意的，我们定薪都是根据公司的实际情况而来的。"

张："好的，我明白了。"

（4）提升公司地位

薪酬谈判就是一个此消彼长的过程，己方强势，对方就弱势；对方强势，己方就弱势。所以，HR 要将公司放在强势位置，提高公司的优势和价值，让员工看到岗位的竞争力。另外更不能表现出公司很需要对方，应该摆出轻松的态度，向对方透露此次招聘的人员数量充足，公司可依情况择优录取。

HR 与应聘者谈判时要对对方全面了解，才能根据对方的特点组织谈话内容。可以抓住应聘者的不足之处，如经验不足、语言能力不强等，来增大谈判空间。如下所示为一些在薪酬谈判中提升公司地位的表述。

"对比你的综合能力，在面试者中不算突出，你的竞争优势在于你对薪酬的要求比较合理。"

"你的薪酬要求与工作经验是不挂钩的，要知道很多招聘者其工作经验都在 5 年以上。"

"在你的专业技术并不十分突出的情况下，你提出这么高的薪酬要求，我们可能要重新考虑你的入职价值了。"

"你不应该只考虑薪酬，而更应该看到我们提供的工作机会是非常不错的，你还有机会去国外深造，难道你没有意识到我们的条件是很优越的。"

"我们做出的薪酬标准，与招聘岗位的技术性和招聘人员的重要程度是相关的，而且你要知道薪酬并不代表一切。"

8. 与同事沟通，需掌握一些基本的技巧

作为职场人士，与同事沟通交流是家常便饭，不过由于岗位不同、立场不同，所以沟通起来会有障碍。人事工作者应该掌握一些基本的沟通技巧，能够与同事自如沟通工作问题，提高各自的工作效率，为企业带来更大的效益。

（1）准备工作不可少

同事之间沟通以工作为主，为了让效率最大化，应该提前做一些准备，确定要谈的事项、主题以及重点，这样不会占用对方多余的时间，对方对所谈事项也一目了然，有助于双方快速进入沟通的主要环节。

那么 HR 应该做哪些准备工作呢？主要考虑以下几个问题。

①你需要对方做什么工作?

②你希望从对方那里得到哪些帮助?

③你觉得自己需要配合对方做哪些工作?

④若沟通不顺，是否有替代计划?

⑤若与同事沟通未果，对工作进度有何影响及损失?

（2）真诚为上

既然要沟通，人事工作者就要遵守沟通的不二法则，即"真诚"。若为了达到目的而选择以隐瞒、哄骗等方式得到同事的帮助，对后续的同事关系有很大的破坏力。若是事件升级，造成企业内的办公环境不和谐，还会影响企业的业务发展。

（3）立场坚定

与同事商量工作问题时，人事工作者应该有自己的目的和立场，凡事应按照上级的指示和公司的规章制度行事，不能一味迁就对方，让对方将自己的工作和职责加在自己身上，影响工作进度和效率。在沟通时，要保证自己的态度不卑不亢、有理有节。

人事工作者需要清楚了解自己的工作任务、工作职责、岗位职责和公司规章，这样与同事沟通时才能找到自己的立场。

（4）对事不对人

若因工作问题与同事产生误会，有所争吵，从而影响彼此的关系和部门的和谐是划不来的。为了大家顺利完成工作任务，人事工作者要以工作为重，无论对方是谁，与自己的关系是好是坏，都不讨论与工作无关的话题。

讨论的工作内容也要具体，控制好主题和内容，以防在谈话过程中逐渐偏离重点。

（5）提供备用方案

找同事提供帮助，或是与同事合作进行某项工作，彼此分派任务时难免会有分歧，要达成一致就不能太过自我和执着，应以大局为重，必要时准备好备用方案，多一份方案就多一种协商的方向，双方也有讨论的余地和平衡点。

（6）找到共同目标

同事间相互合作完成工作任务是非常常见的任务分派方式，因为有很多任务是没法一个人完成的。要让性格、工作习惯等都不同的人相互合作，共同的目标就很重要，就算在过程中有争执也可以提供努力的总体方向。在与同事沟通时，需要想清楚以下三个问题。

①彼此的共同目标是什么？

②配合工作时有哪些阻碍？

③完成共同目标需要哪些资源？

（7）利用幽默感

虽说同事之间沟通工作事项是一件正式的事，不过能在轻松幽默的氛围下进行会有利于相互的交流。幽默感是人与人交流过程中的一把利器，可以带动正面积极的情绪，不过应该注意分寸，以下注意事项需特别留意。

①不谈论同事的家庭情况。

②不能人身攻击。

③不谈论企业敏感话题，或是同事间的私事。

④尊重女性同事，不开低俗玩笑或是物化女性。

（8）沟通要有始有终

沟通并不仅仅是对话，在与同事交流工作事项后，还应该继续关注沟通的效果，时刻了解同事的工作进度，保证工作信息共享，以便互相调整工作。

9. 企业微信，可与微信连接的沟通软件

企业微信是腾讯微信团队打造的企业通讯与办公工具，具有与微信一致的沟通体验，有丰富的办公自动化工具。目前企业微信已覆盖零售、教育、金融、制造业、互联网和医疗等50多个行业，主要功能见表5-3。

表5-3 企业微信的功能

功　能	具体内容
高效沟通	发出的消息可以查看对方的已读、未读状态，轻松把握工作时机
日程	可快速向同事发起日程邀约，将聊天中的工作添加为日程，并在日程中统一管理自己的工作安排。支持多终端同步及同步手机系统日历
会议	可随时随地发起和参与音视频会议，支持300人同时参会，并为主持人提供了管理功能。发言时还可演示文档或电脑屏幕，支持实时标注演示内容
微文档	可个人创作或与同事共同编辑文档和表格，企业和创作者可设置文档的内外部访问权限、文档水印。文档修改实时更新，同事间共享无须多次传输

续表

功　能	具体内容
微盘	统一存储的企业共享空间，文件修改实时同步，方便员工随时访问。管理端支持成员操作审计，安全管理企业数据
审批	随时随地审批，可添加自定义审批模板，支持会签、或签、上级审批和条件审批等审批方式，助力企业定制规范高效的审批流程
汇报	员工通过日报、周报和月报汇报工作进展，管理者可在手机端方便地查看
企业邮箱	绑定企业邮箱或工作的个人邮箱，在这里接收新邮件通知，及时处理邮件。还可将邮件转发到群聊，与同事快速讨论
通讯录管理	快速批量导入，统一管理；同事信息准确完善，方便查阅
丰富的配置	可个性化定义员工资料，设置通讯录查看权限和隐藏特殊部门或成员
可管理的群聊	可设置仅群主可管理群聊，设置群内禁言，发布群公告，支持发起 2 000 人群聊

借助企业微信，同事之间无论是沟通交流、文件共享，还是会议讨论都变得方便多了。那我们该怎样利用企业微信 App 的基本功能来沟通呢？如下例所示。

案例实操

用企业微信 App 发起工作群聊、共享文件和召开会议

首先下载并打开企业微信 App，通过微信号登录，并填写相关企业信息创建企业群，即可进入消息界面。单击右上角的"+"按钮，在弹出的下拉列表中选择"发起群聊"选项便可在企业通讯录中选择对应同事开启群聊。选择"加微信"选项，在跳转的页面可添加外部客户或合作伙伴，如图 5-1 所示。

图 5-1　发起群聊和添加人员

单击主界面下方的"通讯录"按钮，进入新界面后单击"添加成员"按钮，在跳转的页面能够通过微信邀请同事，如图 5-2 所示。

图 5-2　添加交流成员

单击主界面下方的"工作台"按钮，在工作台页面可以看到各项工具按钮，单击"微文档"按钮，便可进入文档创建界面。单击右上角的"+"按钮，在弹出的菜单中单击"文档"按钮便可创建工作清单、会议纪要等文件，并分享到微信或微盘中，也可直接转发，如图 5-3 所示。

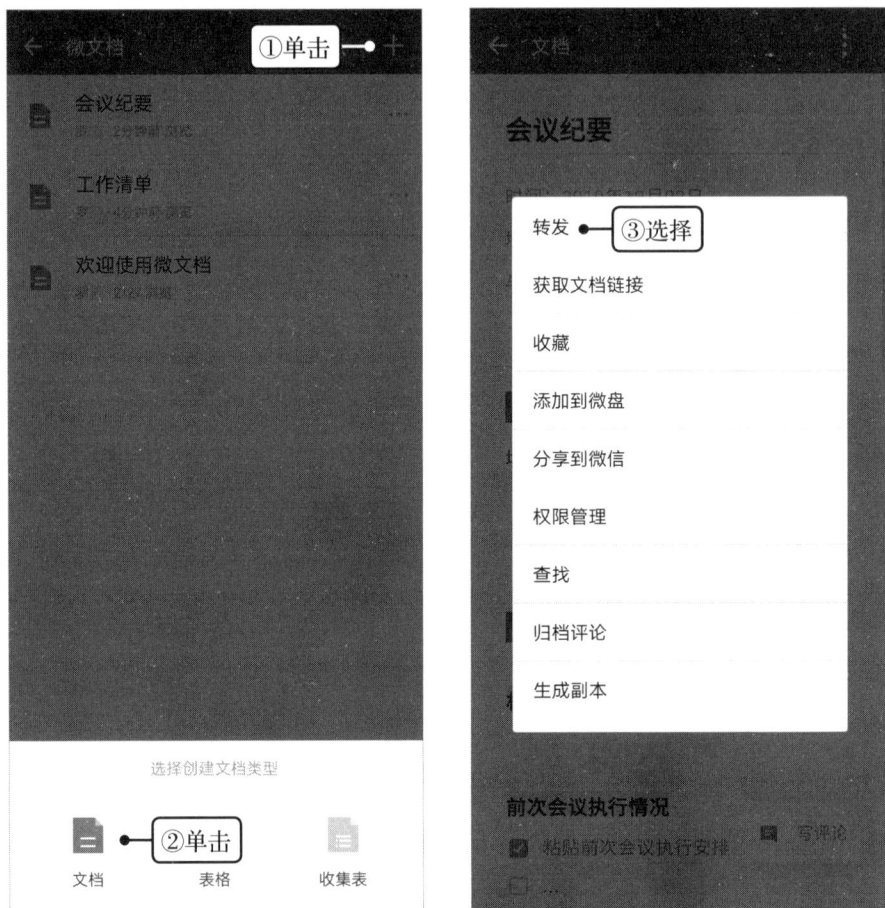

图 5-3　共享文件

单击"会议"按钮便可发起和参与在线会议，在跳转界面单击"预约会议"按钮，对近期会议的信息进行设置，单击"发起预约"按钮，即可设置成功，到时便会提醒参与人员，如图 5-4 所示。

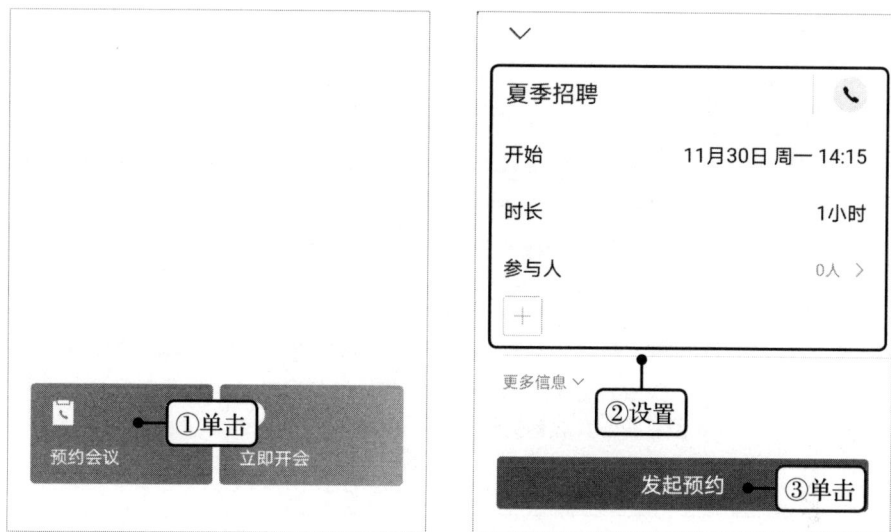

图 5-4　发起会议

10. 钉钉，随时随地收到 DING 消息

钉钉（Ding Talk）是阿里巴巴集团打造的免费沟通和协同的多端平台，支持手机和电脑间文件互传，可全方位提升企业内部的沟通和协同效率。具备沟通功能，见表 5-4。

表 5-4　钉钉 App 的沟通功能

功　　能	具体内容
企业通讯录	①通讯录管理：员工信息批量导入，统一管理 ②快速找人：共享统一通讯录，直接搜索同事信息，无需加好友即可发起聊天 ③统一通讯录：内部通讯录清晰展示组织架构，外部通讯录方便进行客户管理，客户信息由公司统一维护，员工离职不带走 ④高管手机号可隐藏，普通员工手机号查看可设限

续表

功　能	具体内容
视频会议	①最高支持 302 人同时在线，电脑或手机安装钉钉即可免费使用 ②手机和电脑都可以共享屏幕和文件，电脑上还可以开启免打扰模式，在共享的同时保护个人隐私不被泄露
办公电话	①一键发起商务电话，让团队内部沟通变得简单便捷，支持 2～9 人同时加入 ②商务电话免费，降低沟通成本 ③实时显示参会者在线状态和通话质量，实时增加、删除成员
DING 消息	①钉钉发出的 DING 消息将会以免费电话、免费短信或应用内消息的方式通知到对方 ②无论接收手机有无安装钉钉 App，是否开启网络流量，均可收到 DING 消息
消息已读未读	无论是一对一聊天，还是一对多的群消息，钉钉支持查看发出的消息已读未读
密聊模式	①在此模式下，信息不能被复制，用户不用担心被录音，姓名、头像都会被打马赛克 ②聊天内容在已读后 30 秒内消失，不留痕迹。消息会"阅后则焚"，保证重要信息沟通隐私安全
钉邮	①在钉邮中，员工发送的邮件不仅能投递到对方的邮箱中，同时还会在对方的聊天窗口里有所提示 ②支持选择聊天群组发送给全员，无须一一选人，同时，添加附件也极其方便，与钉盘无缝衔接，快捷选择、查看企业文件、群文件和个人文件 ③拥有邮件的已读未读功能，第一时间知道邮件是否送达 ④邮件 DING 功能则可以将信件甚至电话直接送达到对方手中

如何使用钉钉与同事沟通呢？通过下例我们来看一些基本操作。

案例实操

关于钉钉的一些基本使用操作

首先下载并打开钉钉 App，在进入页面后填写相关注册信息，然后创建团队，进入钉钉主页，单击"工作台"按钮，如图 5-5 所示。

图5-5 进入"工作台"界面

单击"钉邮"按钮，在打开的界面中单击右下角的 按钮，即可创建新邮件，单击"发送"按钮即可发给相关同事，如图5-6所示。

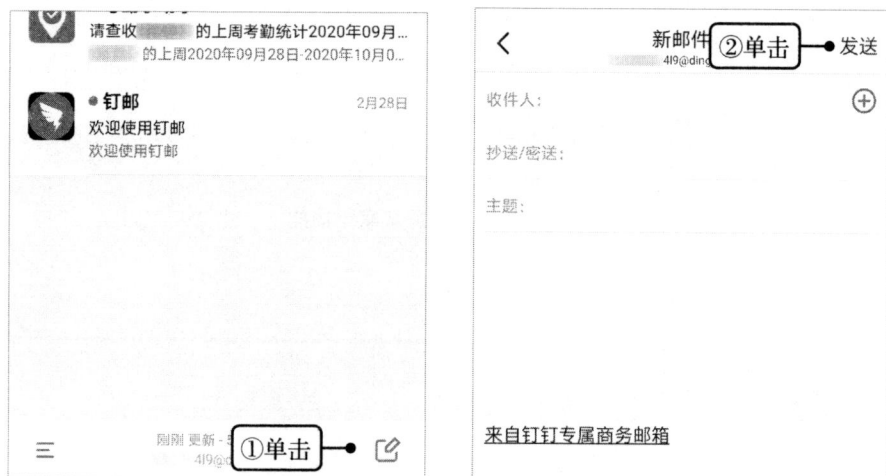

图5-6 使用"钉邮"功能

单击"任务管家"按钮，便会进入个人任务管理界面，在弹出的对话框中设置使用周期、使用范围等即可试用。单击右下角的"+"按钮，在弹出的项目栏中单击"各自完成"按钮，创建各自完成任务的基本信息，包括所属项目、具体负责人等，单击"创建"按钮即可成功创建任务，如图5-7所示。

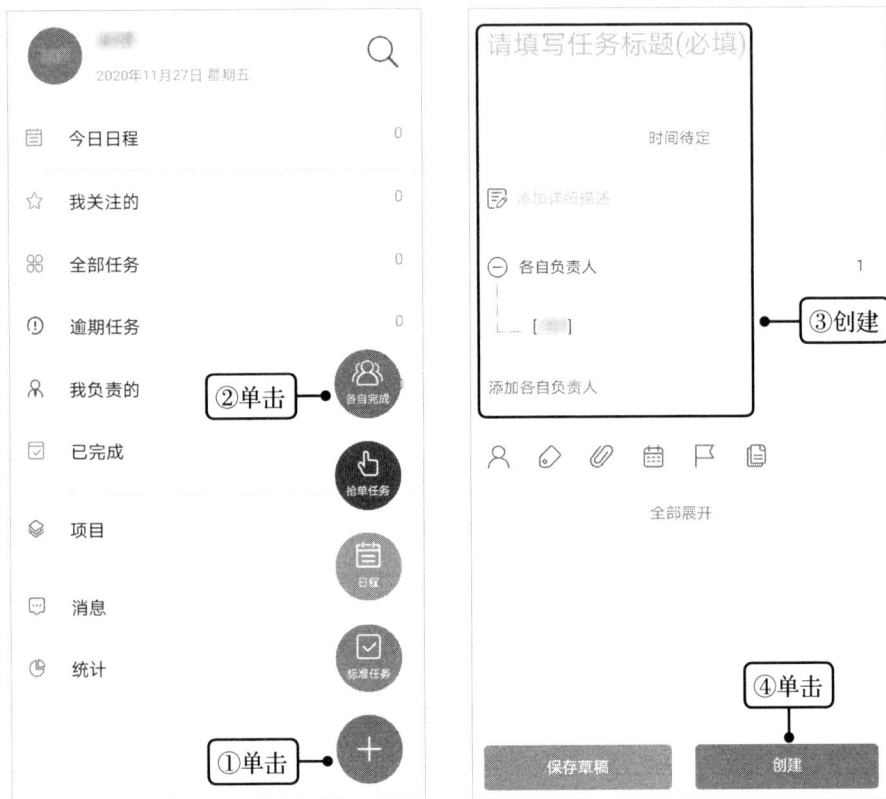

图 5-7　使用"任务管家"功能

11. 跨部门沟通，屏障加倍

作为人事工作者，除了与同部门同事协作沟通外，还会与财务部、行政部和生产部等企业各部门就人力资源、招聘、绩效等问题进行沟通。但由于部门工作内容不同、人员交流不多，所以交流起来有更多阻碍。

人事工作者应该了解跨部门沟通会面临的问题，这样才能针对常见的一些问题寻找解决的办法。如下所示为部门间沟通的一些常见问题。

①沟通渠道少。沟通是需要渠道的，可面对面交流，或电话交流，或网络交流。虽然部门之间分工明确，但各项信息不对等，人员也很难对上号，所以没有一个有效的沟通渠道，容易造成人员之间的误解。

②跨部门、跨层次沟通障碍。公司规模。公司规模越小，内部的人员越易沟通；若是规模不断扩大，各部门人员越来越多，岗位层级也越来越复杂，无疑会给跨部门沟通增加新的障碍，如层级障碍。当企业内部分为高层领导、中层主管、主管助理和普通员工，不止横向沟通不易，上下级之间沟通也会越来越困难。

如一名普通的人事专员，要和财务部主管沟通工作，不仅要跨部门，还要跨越岗位层级，可以想象该人事专员的工作推行会面临怎样的困难。

③信息失真。我们都知道沟通最好是直接沟通、面对面沟通，这样传递的信息才准确，若是隔了第三人，或是用文字沟通，难免会产生歧义。

④职权划分不明确。不同部门进行同一项工作时，由于各自的职能、权责不清，很可能会相互扯皮、推卸责任。所以在制定各部门岗位职责时，一定要规定好其应该配合其他部门的工作。

◇ 负责督促各项目内部往来的转入账工作，按时收取内部往来账表并核对汇总。

◇ 按规定编制各类保函、承兑汇票使用情况报表，报送公司领导。

◇ 管理公司财务专用章等银行印鉴章，登记使用台账，严格按规定用途审批使用。

◇ 按规定办理公司固定资产业务，建立固定资产台账，编报有关固定资产报表。

◇ 根据人事部提供的员工绩效考核单，核算员工绩效奖金，在规定时间发放奖金。

◇ 制订公司各项目部收付款计划，督促项目部按计划进行资金安排。

◇ 负责编制公司各部门管理费用支出预算计划，负责公司日常经费支出报销和核算工作。

◇ 完成公司领导交办的其他工作。

这便是跨部门沟通常见的问题，人员之间没有太多碰面的时间和场合，一般通过邮件、聊天软件沟通，若是在传递过程中信息发生质变，或没有及时通知到位，对工作的影响是非常大的。

这些障碍和沟通问题可以说是跨部门沟通都会遇到的，因此需要各部门共同的努力，以免这些沟通障碍加深各部门间的隔阂，影响工作效率。首先各部门员工应该思考以下几个问题。

（1）培养全局观念

部门不同，工作任务不同，分配的利益也不同。各部门出于利益考虑，所以难免会出现互相推脱责任的情况。发生这种情况的根本原因是企业各部门员工没有全局意识，将最直接的利益视作个人的利益，从未站在企业的角度来考虑。

全局观念是一种多角度思考问题的意识，能够考虑到各方的立场，做出最合理的安排。因此，企业各级领导应该注意向员工输入全局观念，尤其是员工的直接领导，他们的工作思路对员工有直接影响。

（2）找准沟通方式

沟通方式常常会影响沟通的结果，所以员工跨部门沟通的时候最好选择合适的沟通方式，可从三个要素考虑沟通的具体方式。

①沟通时机。可分上班时间和下班时间，为了加快彼此之间的了解，可以在下班时间或休息时间彼此畅聊。

②沟通地点。如可以选择在办公室、会议室沟通，也可以选择在公司食堂、茶水间等地点沟通，各有不同的效果。

③沟通渠道。包括面对面沟通、邮件沟通、电话沟通和社交软件沟通。对于流程类、清单类的工作事项，最好采用邮件或聊天软件，这样可对重点内容进行记录。

（3）领导表态支持

各部门领导之间要加强联络，对于部门间的往来应该表示支持，鼓励员工向其他部门给予帮助，这样员工会受到鼓励，努力与其他部门合作，做好应做工作。

部门领导人可以通过部门间的联谊活动，加深员工的交往认识，这样工作起来更有默契。

从以上三个方面思考，员工应该掌握以下协调方式，才能尽可能提高沟通效率，对各个方面的问题进行分析、论述，形成系统的解决方式。

①无边界沟通。各部门之间天然的边界是造成沟通障碍的重要因素，为了让部门间的沟通更加顺畅，企业可以开辟一条沟通渠道，有任何工作上的问题，都可以直接通过该渠道寻求帮助，就像没有任何边界一样。

②制度化。在面对不同层级的沟通上，企业可以针对不同的层级关系设立不同的责权划分制度，通过制度保证各自的沟通。如企业高层与职能部门间可以通过分权制、责任中心制来加强联系；而上下级之间可以通过分层负责制加强互相的交流。

③网络沟通。既然有了更便捷的沟通渠道，员工就要懂得利用，改变传统的沟通方式，借助网络发展的高效、便捷和智能可以解决传统沟通的各种问题，包括信息传达不及时、交流频率少等。

④岗位轮换。为了解决跨部门沟通的各种问题，有的企业会实行岗位轮换制度，通过岗位轮换，让职工轮换负责若干种不同工作，了解其他部门的工作内容，与其他部门员工交好。这样能够换位思考，理解对方的难处，在完成自己工作的同时更好地协助对方。如下例所示为某公司的岗位轮换制度，可以了解岗位轮换是如何操作的。

案例实操

建立岗位轮换制，促进跨部门沟通

××公司岗位轮换制度

第一条　总则

企业为了适应日趋复杂的经营环境，使员工具有较强的适应能力，让员工在不同环境的岗位、工种上工作，体会公司各种工作的艰辛，特制定本制度。

第二条　岗位轮换对象

公司全体从业人员。

第三条　岗位轮换时间

岗位轮换具体时间由公司根据生产工作需要，或单位内部机构、人员年龄构成情况而确定。

第四条　岗位轮换种类

岗位轮换种类分为新入职员工的岗位轮换实习、在职员工的岗位轮换、公司管理骨干的岗位轮换。

1. 新入职员工根据公司对其最初的适应性考察被分配到不同的岗位工作，让他们在各个岗位上轮流工作一段时间，体验各个不同岗位的工作情况，为以后工作中的协作配合打下基础。

2. 在职员工的岗位轮换。主要采用培养"复合型"员工的办法，使他们掌握多种工作技能，熟悉公司的整体工作流程，适应公司日益发展的需要。

3. 公司管理骨干的岗位轮换。对于公司重点培养的管理骨干人才，必须使他们在不同的部门、岗位间横向移动，扩大知识面。另外，在基层岗位进行轮换的经历，使其与企业内各部门各阶层的同事有更广泛的交往接触，有利于日后在高级管理岗位上的工作开展。

第五条　岗位轮换形式

1. 岗位轮换形式分为单位内部岗位轮换和跨单位岗位轮换。

2. 单位内部岗位轮换是指单位内各部门之间以及部门内部的岗位轮换。

3. 跨单位岗位轮换是指在企业内各下属单位之间的岗位轮换。

第六条　审批权限

1. 单位内部岗位轮换审批权限：员工所在部门按岗位轮换计划提出岗位轮换人选意见→人事部门审核→单位经理审批。

2. 跨单位岗位轮换审批权限：员工所在部门按岗位轮换计划提出岗位轮换人选意见→公司人事部门核准→主管人力资源经理审批→总经理批准。

拓展贴士 *岗位轮换注意事项*

①岗位轮换尽可能避免高层。通常情况下，岗位轮换主要面向优秀的中层管理人员和基层人员，高管岗位轮换会带来两点负面影响，一是降低工作效率，因为员工需适应新的领导风格；二是破坏高层管理团队的凝聚力。

②岗位轮换程序容易出现混乱。员工在进行岗位轮换前应先通过以下几个程序的审核，但在实际操作中，经常会出现一些程序上的混乱。例如：人力资源部没有对员工进行岗位适应性审核；没有基本的岗位培训，即岗位职责和工作目标；员工没有进行必要的工作交接或交接不彻底。

③岗位轮换过于频繁。员工需要适应岗位，所以必须在一个岗位上工作至少一年（最好是两年）后，才有资格获得岗位轮换的机会。

④岗位轮换忽略评估。没有人能够适应所有岗位的要求，企业对内部调岗的员工也应规定一个试用期，以考核员工对岗位的适应性。

第6章

主动记录汇报，让工作笔记条理清晰

　　对于工作中的复杂事项及重点，不认真梳理很有可能会打乱我们的工作计划，影响工作的效率。人事工作者应该掌握各种笔记记录的方法，并利用高效的手机工具，将琐碎的工作变得有条不紊。

1. 信息收集，如何才能高效准确

人事工作可以说是杂事萦绕的工作，日常要收集整理各种人力资源信息，进行招聘时又要加以利用，面对各种各样的信息，人事工作者要懂得收集整理，这样才能尽可能发挥其价值。不过，我们要如何收集整理呢？

（1）确定基本目标

要收集有关信息，首先应该明确收集信息的基本目的，如是为了具体的工作项目而查找资料，还是为了日常工作储存有用信息，只有确定基本目标，才能在收集信息的过程中自动规避无关信息，减少整理无关信息所耗费的时间。

（2）搜索相关信息

一般在搜索信息的时候，都是按主题内容和关键词来搜索的，这样可以更快速地定位到有用的信息。而常见的搜索引擎也是通过识别关键字来检索海量的信息。

对于大多数搜索引擎来说，越是冗长的句子越难以识别，人事工作者要学会提炼关键词或是概括主题，而不是对搜索引擎提问。很多时候一个关键词已经能够快速筛选出相关的信息，如果要添加限定的条件，最好控制在 3 个以内，每个关键词用空格键隔开，如图 6-1 所示。若是没有得到想要的信息，可以更换关键词，灵活处理。

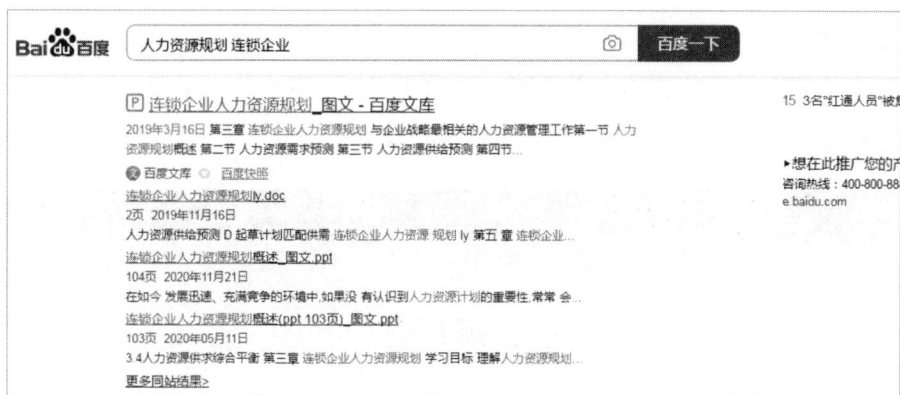

图 6-1　关键词搜索

　　有的信息无法通过搜索引擎简单搜到，人事工作者需要将信息分解，以便更加精确地搜索。

　　搜索"×× 公司的 ×× 岗位的招聘试题"，可分解为：

①搜索 ×× 公司官网。

②搜寻招聘试题。

或是：

①进入贴吧、职朋等论坛。

②进入 ×× 企业的有关讨论帖。

③搜索面试经验、面试题目，收集整理。

　　人事工作者还要知道要想搜索有价值的信息，找对搜索渠道很关键，如微信公众号、业内信息发布平台、搜索引擎、行业论坛和行业书籍等。在日常工作时，人事工作者就要注意保存有用的搜索渠道，以便二次使用。下面推荐几个常用的搜索引擎。

◆ 职朋。

职朋提供了免费的个人求职、企业招聘、面试经验、工资待遇和简历模板等资讯分享平台服务。首页如图 6-2 所示。

图 6-2　职朋首页

◆ 虫部落·快搜。

虫部落汇集了众多的搜索引擎网站、社交网站以及图片、论坛网站，是一个非常便捷的搜索平台。首页如图 6-3 所示。

图 6-3　虫部落搜索界面

◆ 大数据导航。

大数据导航汇集了各项查询工具，包括统计机构、问卷调查和职场数据工具等，人事工作者可利用该网站的分类导航，选择需要的查询工具，如图6-4所示。

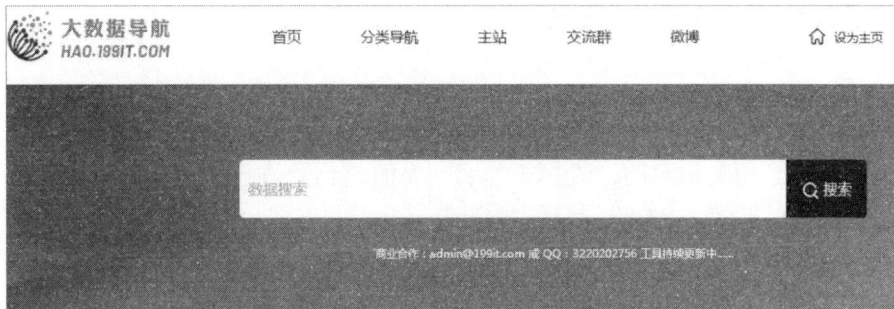

图6-4 大数据导航首页

拓展贴士 *其他常见搜索软件*

除了详细介绍的网站外，还有一些基础网站也可以帮助我们找到想要的资料和信息，包括：百度文库，百度指数，豆丁网。

（3）过滤

在搜索过程中一定会搜到大量的信息，但是不是都能为己所用呢？其实很多无用的信息，或是相关性很小的信息也会混在其中，人事工作者要懂得从众多信息中筛选出最有价值的部分，这是整理信息的第一步。主要应考虑以下三个问题。

①信息的关联程度，我们一定要明确搜索的主题和目标，无论多么优质的信息，只要与主题无关就要即刻舍弃。

②查看信息来源是否权威，对于数据类的信息，人事工作者要考虑到

数据的准确性与权威性，来源不明的数据可能给我们错误的引导，导致工作转向错误的方向。

③信息也是能分等级的，同一类信息，有的非常全面，有的很有深度，有的亮点突出，而有的只是粗浅介绍，所以我们可以按重要性对信息进行简要排序，这样方便我们筛选。

（4）信息的分类汇总

搜索到相关信息后，人事工作者要及时将信息进行分类汇总，要保证无重复、无遗漏，分类方式自行选择。

①按主题内容分类，如进行人力资源规划，可将收集到的信息分类为行业信息、区域信息和参考文件这几类。

②按时间阶段分类，如2020年上半年度资料、2020年下半年度信息。

③按工作任务的进度分类，如招聘活动规划，可将搜索到的信息分为招聘广告设计信息、招聘渠道选择信息。

（5）信息整合

信息分类后，我们还需要进行整合，所谓整合绝不是放在一起就完事了，而是要让信息之间有逻辑关联，并对其中的要点进行注释。

一般来说信息的整合与工作的逻辑性要紧密相连，就像流程图一样来排列整合信息，如简历信息→广告策划信息→招聘渠道信息→面试试题，该逻辑顺序就是招聘的基本流程。对于逻辑性不那么严密的信息，采用思维导图的方式，也能有规律地将其整合。

2. 搜索技巧，获得信息更简单

我们在搜索信息的时候，最常用的工具便是搜索引擎，如果掌握一些搜索的小技巧，可以帮助我们更快地搜索到想要的信息。以百度搜索引擎为例，介绍几种搜索技巧，如下所示。

案例实操

百度搜索引擎的搜索技巧

（1）善用"filetype:"。

人事工作者常常会搜索一些人力资源工作表格和文件，或是简历模板。在搜索引擎上搜索，常常会出来一些网站干扰视线。这时我们可以通过文件格式进行搜索，通过"filetype: 文件格式"的模式就能搜索对应的格式文件。

如想搜索招聘登记的相关表格，在搜索框中输入"招聘登记 filetype:xls"内容即可，如图6-5所示。

图6-5　按文件格式搜索

若是想搜索 Word 文档的简历模板，在搜索框中输入"简历模板 filetype:doc"内容即可，如图 6-6 所示。

图 6-6　搜索简历 Word 文档

各类文档格式包括：doc、ppt、txt、pdf 和 xls 等。

（2）善用 "site:"

若想将搜索范围划定在某个特殊网站上，可以通过"关键词 +site: 网址"的模式搜索相关内容，如图 6-7 所示。

图 6-7　搜索某网站上的信息

（3）善用《》

通过关键词搜索的局限在于有些特定的资料、书籍和文件会被隐藏在海量的信息中，若想要查询结果与某特定作品有关，而不是普通的词语，可通过"《关键词》"的形式进行搜索，如图6-8所示。

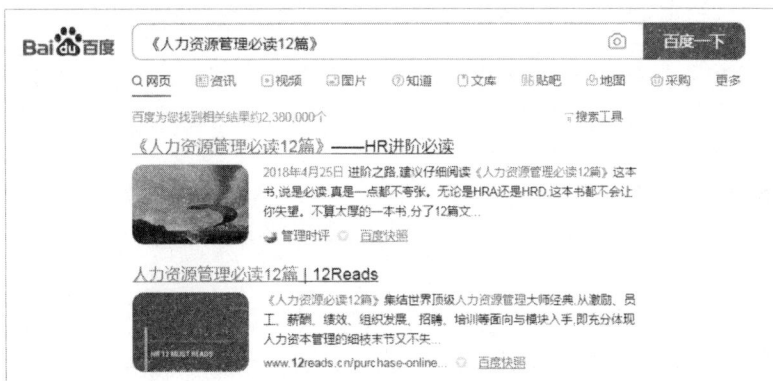

图6-8　搜索相关书籍

（4）善用""

通过"关键词"的形式进行搜索，可对查询结果精确匹配，去掉演变形式，搜索结果更准确，如图6-9所示。

图6-9　精准匹配搜索结果

3. KPTP 工作日志法，写好工作记录

KPTP 工作日志法中的 KPTP 由四个单词——Keep、Problem、Try、Plan 的首字母组成，每个单词具体代表什么呢？如下所示。

◆ Keep：今天完成了哪些工作。

◆ Problem：工作中主要遇到了哪些问题。

◆ Try：如何解决或是尝试解决这些问题。

◆ Plan：明天有哪些计划。

根据这样一个思路可以对每天的工作进行简单记录，并记下关键内容，如下例所示。

案例实操

人事专员的 KPTP 工作日志

某公司的人事专员进公司工作已经有一年了，为了不断进步，改进自己的工作方式，积累工作经验，该人事专员开始记录工作日志，采用 KPTP 工作日志法。具体内容如下：

【Keep】

①准备培训主题，制作培训 PPT。

②邮件收发。

③处理生产部劳动争议。

【Problem】

①培训资料不齐全，小组讨论时没有确定好培训模式。

②生产部员工情绪不稳定。

【Try】

①整理小组会议中提到的培训模式，列出各自的优势和劣势，提交主管选择决定，依据主管的决定制作培训内容PPT。

②另约时间单独面谈，选择较为放松的地点，整理过往争议案例。

【Plan】

①小组会议，讨论薪酬调整事项。

②上午一早向主管汇报近期工作。

③提前准备会议资料。

④下午寻找人力资源，筛选简历。

书写工作日志时，我们可以利用相关软件，随时查看，随时记录。如有道云笔记，可以更好地对日程及笔记内容进行管理。表6-1所示为该软件基本功能。

表6-1 有道云笔记基本功能

功　　能	具体介绍
文档记录	支持文字、图片、语音、手写、OCR 和 Markdown 等多种形式，可随时随地记录，兼容 Office、PDF 等办公常用文档，无须下载即可查看编辑
收藏	支持微信、微博、链接收藏和网页剪报等多种形式，将重要信息和资料一键保存
OCR 扫描	满足文档、手写和名片等多场景扫描需求，支持 PDF 转 Word 功能
多端同步	支持 PC/iPhone/Android/Web/iPad/Mac/Wap 多端备份同步，重要资料还可加密保存，任何情况下都能轻松查阅

下载有道云 App 并打开，可以看到主界面非常简洁，基本功能也是一目了然，单击右上角的"录音"按钮，可以直接语音输入工作情况或是会议情况，对于不想打字的人员来说非常方便。单击左上角的"扫描"按钮，就能直接扫描有关文件、网页，提取文字信息。单击右下角的"+"按钮，在弹出的对话框中可以看到基本的笔记编辑功能，包括新建笔记、模板笔记和上传文件等，如图 6-10 所示。

图 6-10　有道云笔记基本功能

单击"模板笔记"按钮，即可进入模板选择界面，有道云笔记提供了6类笔记模板，人事工作者可选择适合的类型，再进行加工编辑即可，如图 6-11 所示。"读书笔记模板"适合总结工作心得；"出行清单模板"适合对重要信息或资料进行分类整理；"效率模板"适合填写工作日志；"会议模板"适合做会议纪要；"忘不了便利贴"模板适合进行日程安排；"愿望清单"模板适合对工作生活进行定期总结。

图 6-11　效率模板的使用

创建最新的笔记后，为了更好地管理和收藏，可以利用有道云笔记的

"文件夹"功能，在主界面找到最新创建的笔记，选择该笔记，在弹出的对话框中选择"移动"选项，跳转至另一界面，选择相应文件夹或新建文件夹，单击"移动到此处"按钮，即可收藏成功，如图6-12所示。

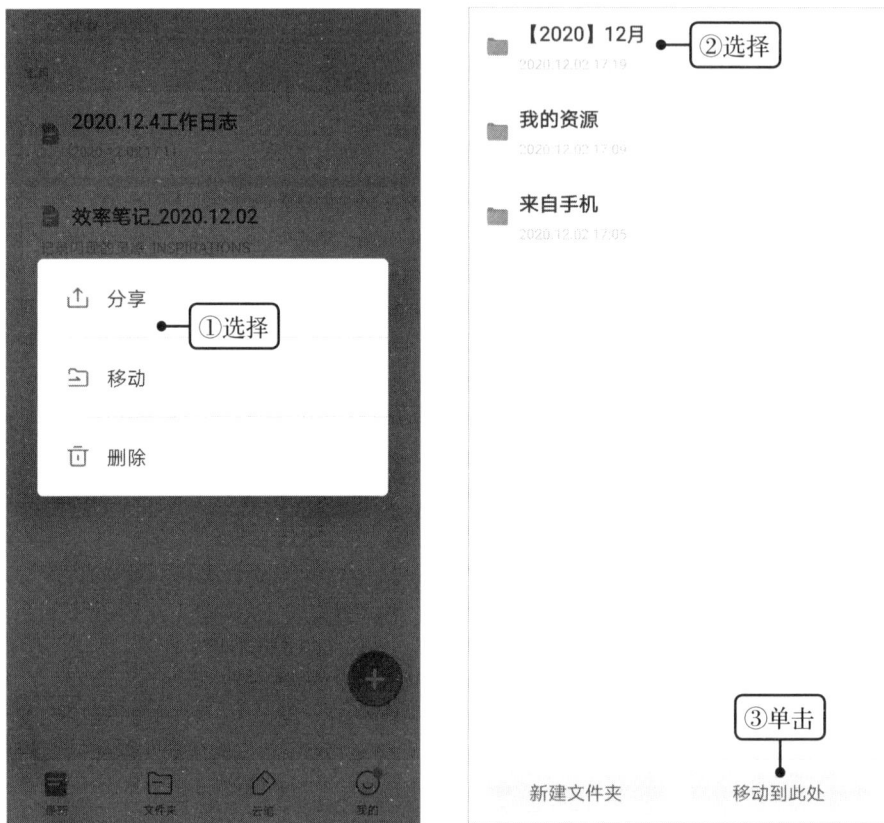

图6-12　笔记分类收藏

4.黄金三分笔记法，高效会议记录

对于人事工作者来说，日常事务千头万绪，稍不注意就可能遗漏，因此工作中重要的、琐碎的事项都要记录，这样才不会耽误工作。但是笔记也分好与差、整洁与杂乱。如下所示为某人事工作者的笔记。

①核对名单。

②会议主题：福利过多，权重比例差距大。

③去财务部一趟。

④汇报工作。

⑤提醒张 × 做 PPT。

⑥修改计划，缩减步骤。

⑦预订招聘展位。

⑧人才到场率还是太低了。

上述笔记可以说没有重点、没有排序且叙述不完整，这样的笔记对人事工作者的帮助是非常有限的，很多事项由于记录没有章法，很难让人记起实际内容。所以在记笔记时要注意以下几点。

①避免杂乱、涂抹过多。

②内容不要过略或过详，更不要没有空隙。

③不要纯文字表达，应适时借助图表。

④不能意思不明。

要想自己的工作笔记条理清晰，一目了然，人事工作者要借助一些有效的笔记方法，最有效的莫过于"黄金三分笔记法"，顾名思义指将笔记分为三个框架进行记录，保证条理性和逻辑性。黄金三分笔记法有三种表现形式。

（1）康奈尔笔记系统

康奈尔笔记系统把一页纸分成了三部分——左边四分之一部分（线索栏）、下方五分之一部分（总结）和右上部分（草稿），见表6-2。

表6-2 康奈尔笔记系统

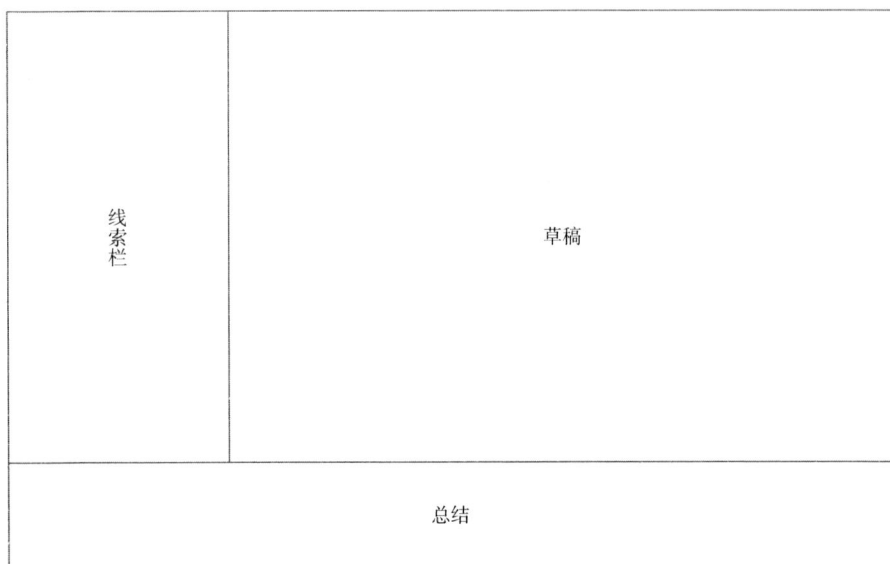

线索栏	草稿
	总结

我们可以看到右上方最大的空间提供了做笔记的地方，在这片区域可以按照平常的习惯记录，不用考虑太多；左边的空间是"线索栏"，用于归纳右边的内容，整理出大致的纲领；最下面的空间用于总结，通过简短精练的一段话总结该页笔记内容，可以提炼出主题，或进行升华。

这种结构形式非常适合对会议内容进行记录，按照"板书→整理→总结"的顺序可将笔记内容完全把握。

案例实操

利用康奈尔笔记系统整理人事工作会议记录

××公司人力资源部2020年12月召开人力资源管理会议，人事专员张某为了不遗漏重点内容，影响工作实施，所以进行了会议记录。

在会上其将会议的大致内容记录了下来，会议结束后便利用工作的空隙梳理纲要，并对会议主题进行总结，见表6-3。

表6-3 梳理会议笔记

步骤二	步骤一
①通知陈×后续工作安排 ②下周上交工作计划到李总处 ③提醒技术人员维护好考勤系统 ④做好年后招聘计划，负责人孟方 ⑤抽时间整理年末文件 ⑥筛选广告公司 ⑦更新各部门岗位职责书，上交李总	①会议出席10人，未到1人，陈×，请假，告知 ②人力资源部、生产车间各部门要求上交的周总结、计划必须按时完成，人力资源部、各部门负责人，李海 ③考勤系统每天要采集数据，落实考勤纪律 ④监督公司各项规章制度的执行、落实情况，工作及时汇报，不挤压或贻误 ⑤后勤的维修工作，及时跟进，彭志 ⑥招聘，针对各部门急需招进的人员，最佳时间，正月初六~正月二十，孟方 ⑦文件管理，整理文件，作废文件及正在执行的文件，分类，下周内，孟兰 ⑧电脑使用、维修，明细，3天 ⑨公司文化宣传栏，背景图、泡沫字、设计广告、宣传栏内容每周更新 ⑩各部门的岗位职责书，放假前，各部门负责人，李总
步骤三 年末人力资源工作琐碎，需要对各项人事工作进行处理，最好按重要程度以及时间期限进行处理	

（2）东大学生笔记法

根据东京大学的学生记录笔记的方式而总结出此方法，同样将一页笔记三分，左侧用于平时记录，右侧一分为二记下重点、疑点以及总结，内容安排上与康奈尔笔记系统差不多，这里不再赘述。

（3）Point Sheet 笔记法

该形式看重具体行动，由"题目""重点"和"行动"三部分组成，见表 6-4。

表 6-4　Point Sheet 笔记法

题目	
重点	行动

左侧的重点内容要与右侧的行动内容相对应，这样更加一目了然，也给了人事工作者思考的时间，让其在了解有关工作的注意事项后，还能做好解决方案，更能帮助我们进步。来看表 6-5 所示的案例。

表 6-5　Point Sheet 笔记法

绩效评估表没有发挥作用	
①部门主管不重视 ②公司未将绩效评估成绩用在升职、奖金核发上 ③绩效评分不够公正客观 ④没有设立复核机制，也没有与员工进行面谈反馈 ⑤没有激励性	①考评人（评审主管）设计一个考绩编年表（或季度、月度、周度） ②以文字叙述被考核人明显进步或退步的地方 ③指出被考核人下一个合适的工作与可能派任时间 ④改善面谈的安排（原因＋方法＋目标细分＋追踪办法）

5. 用更加有条理的符号记录表达信息

人事工作者一定有过这样的体验，开会时信息传递太快，来不及记录重点内容；或是有急事处理，不得不中断工作想法的记录，这时我们需要善用笔记符号来替代文字表述，能有效加快记录的速度，同时还能轻易展现内容的逻辑性。

人事工作者应该明白，做笔记是一种思考过程，不是一字一句机械地记录，而应该将信息过滤，记录重点，隐去无关紧要的信息，并尽量写明逻辑关系。在这个过程中可运用几个基本符号来达到整理的目的。

（1）三角形"△"表明重点

一边记录，就可一边在重要内容前画"△"，注意三个要点。

①内容必须重要且需要人事工作者办理。

②注意△符号的数量，不能满篇都是，要有所取舍。

③若是想要表示某项内容极其重要，可以连画两个△△符号。

如下例所示画△符号的内容更能引起注意。

△ 1. 校招为避免人少，应提前 15 天与学校就业办和院系老师沟通学生上课时间安排，尽量不冲突。

2. 通过就业网、官网、微信或海报进行宣传。

3. 临讲前与老师确定人数。

4. 应聘简历筛选。

△△5.提前针对岗位、专业设置不同的面试问题。

6.做好学生职业定位，耐心解答问题，充分了解学生就业意向。

（2）箭头"→"进行排序

对于工作步骤、工作环节和工作流程等内容的记录，可利用"→"符号梳理顺序，指导工作。

招聘岗位及人数→发布招聘岗位数据→初选应聘简历→确定招聘城市、匹配院校→时间安排、准备物料→现场招聘宣讲→现场应聘→确定岗位目标人选→发放录用通知→岗位培训。

不仅如此，用"→"符号还可以表达逻辑因果关系，"问题—解决方案"关系，让笔记内容更明显。

（3）疑问号"？"表示待解决

对于某些在当时没有处理的问题，或没有理解的内容，可以在前面画"？"，这样之后查看笔记的时候就知道还有问题没有解决，从而展开有关工作。

（4）"VS"表示选择关系

"VS"在日常生活中表示互相竞争、互相对立的意思，用在笔记记录中可表示选择的含义，例如两种渠道、两种方案，一时拿不定主意，人事工作者可以过后再考虑。例如：网络招聘 VS 校园招聘、广告宣传 VS 网页宣传。

除了以上介绍的符号外，还有表6-6所示的一些符号可以运用，具体含义如下：

表6-6　笔记符号及含义

符　　号	含　　义
＝＞	结论是……/ 导致……
∵	因为……/ 由于……
∴	所以……/ 因此……/ 结果是……
e.g.	例如……/ 比如……
$	美元
&	……和……/……与……
bz.	商业
co.	公司
info.	信息、消息
esp.	特别是……
max	最大
min	最小
U	合约、条约
※	特点、特色

6. 用手机工具成倍提升记录的速度

手写笔记在日常工作中见得比较多，不过鉴于手机的使用频率越来越高，现在手机对我们来说相当于一个"私人器官"了，所以人事工作者可以利用手机自带的便签 / 备忘录功能，简单记录工作笔记。

案例实操

通过手机备忘录功能记笔记

在个人手机上找到"备忘录"并打开，在记笔记之前要做好分类，这样方便查找，很多备忘录有系统分类，分为工作、生活和旅游等，个人也可新建文件夹。

选择"工作"文件夹进入，在跳转界面中单击"+"按钮创建笔记，如图 6-13 所示。

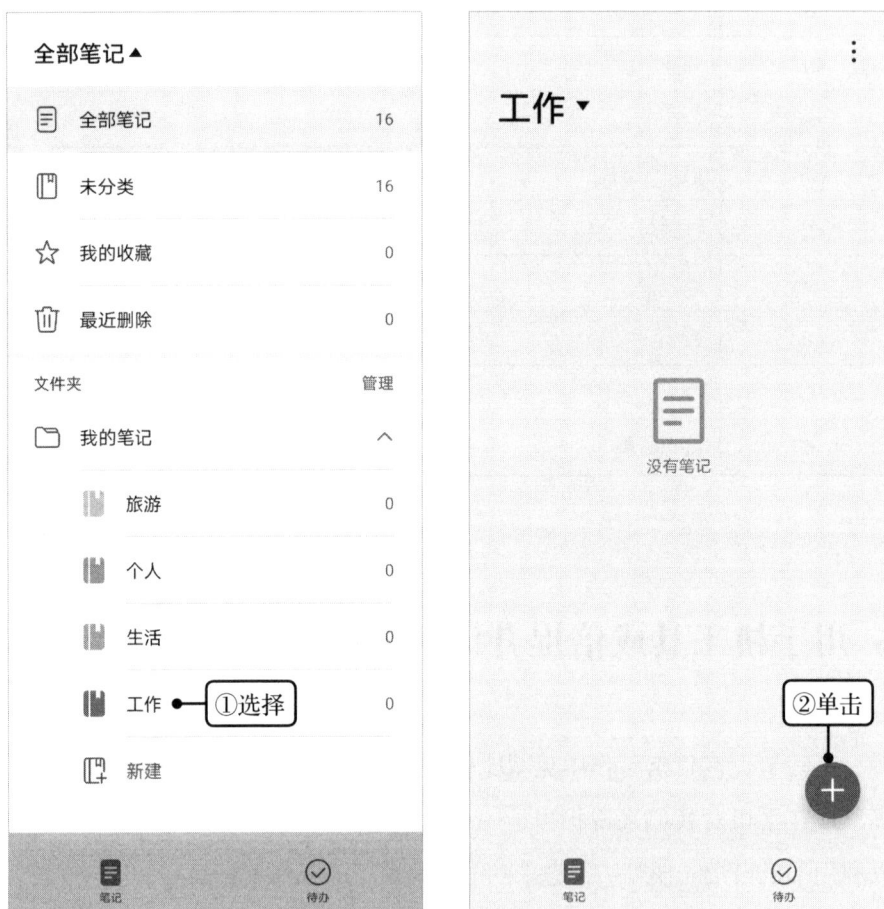

图 6-13　选择分类笔记创建笔记

系统提供了很多功能，包括清单格式、样式选择、插入图片、语音记录和手写笔记。单击"样式"按钮，可选择笔记的基本样式，书写时换行就能自动运用该样式，还可对字体大小、颜色和页面背景进行设置。书写完笔记后单击右上角的"√"按钮即可保存，如图 6-14 所示。

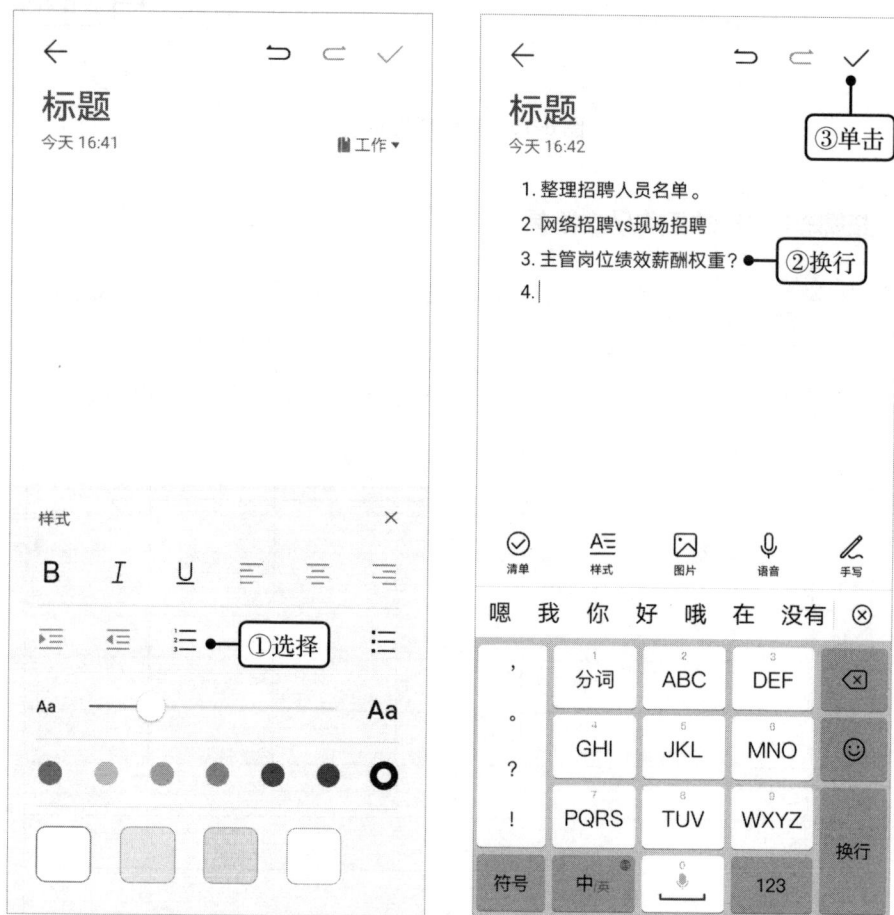

图 6-14　运用样式记笔记

保存后便可在手机界面呈现出完整的笔记内容，单击"返回"按钮，就能在"工作"文件夹中看到最新创建的笔记，如图 6-15 所示。

图 6-15　查看创建的笔记

拓展贴士　*HR 的工作日志清单*

序号	紧急程度	工作内容	设计表单	相关要求	完成时间	完成情况
1						
2						
3						
4						
5						
6						
7						
8						
今日进步						
今日反省						
明日改善						
今日随笔分享						
1. 紧急程度：一般 B　　　　　紧急 A　　　　加急 S 2. 完成情况：完成 √　　　　待跟进 / 未完成 ×						

7. 写好年度工作总结，找出经验教训

很多公司到年底都会让各部门员工书写年度工作总结，对过去一年、某一时期或某项工作的情况（包括成绩、经验和存在的问题）进行回顾、评价和作出结论。为了写好年度工作总结，人事工作者要注意以下四点。

第一，提炼重点。对于人事工作者来说，一年的工作肯定是十分繁重，没必要对枝叶末节也进行总结，只需说明对公司有影响的大事件，或是上级交办的主要工作任务即可，日常工作不必提及。

第二，有变化。有的职场人士会将年终总结当作一种惯例，每年都写得一样，这样书写年度总结缺少实际价值，看不到自己的进步。

第三，观点与材料统一。在进行工作业绩总结的时候，人事工作者可能会用相关数据表示，这样更可信、直观，所以要注意文字描述的内容与提供的材料和数据应统一。

第四，语言简洁、准确。进行年终总结也不一定要长篇大论，只要内容实在，不必追求字数多少。考虑到管理人员年末工作堆积，我们要尽量简化文字，做到表述清楚。文字要做到判断明确，就必须要用词准确、用例确凿且评断不含糊。

很多职场人士在提笔写年终总结时，总是会遇到一个问题，就是不知该如何下笔。要写总结性的文字，只有想好了基本的脉络和结构才知道如何书写。一般来说，常见的年终总结会分为以下三种结构，人事工作者可根据想写的内容选择对应的模式。

（1）列出时间轴

既然是进行年终总结，那么按照时间顺序总结大事件是最简单的方式，一般按照月度或季度进行时间轴划分，如一月份、二月份、三月份……不必每个月份或季度都提到，只需提及有重要事件发生的时间轴即可。这样人事工作者只需按时间顺序回想一年的工作，说明有价值的内容。

（2）总分总分段式

分段式的年终总结方式并不把工作的主要内容当作重点，而是将重点放在经验总结和未来展望上。正文一般分为三部分。

◆ 工作回顾。

可以将工作回顾作为第一部分内容，这样在开始部分就能对一年的工作进行简单说明，该部分内容不宜过多，只简要介绍一些大事件即可，一项事件最好用一句话概括，不展开分析、评估。

◆ 经验总结。

这部分一般作为主体内容，对具体的事件加以分析，得出经验以提醒自己和其他同事。注意这部分的经验总结以前文提到的大事件为依据，将工作的处理方式、操作缺点和进步空间进行分析，这样才能体现该部分内容的价值。

◆ 未来展望。

该部分是年终总结的最后一段，可对前文进行收尾，并对今后的工作进行展望，包括新一年的工作计划、要达到的目标及取得的成绩，或是相较去年的进步，要克服哪些存在的问题。这一部分也很重要，可为自己指出努力的方向。

如下例所示为某公司人事工作者书写的年终总结，可作参考。

案例实操

分段式年终总结范文

一年的工作就这样结束了，一年以来坚持不懈的工作，我在自己的工作岗位上付出了最大努力。回顾一年的工作，我主要负责了这些：组织春季大型招聘会，为公司招聘了 3 名技术人才；改进了绩效管理制度，更加重视员工福利和绩效反馈；与离职人员进行面谈，挽留了 1 名精英；整理了一年内变化的人力资源资料。

这一年的工作有做得好的，也有做得不好的……。

改进绩效制度时，结合了去年的数据，得知员工对福利项目和绩效反馈的渠道有争议，所以设计以下意见表，收集员工意见，方便改进。

姓名		所属部门	
岗位		直接领导	
需改进问题	原因分析	提供方案	领导意见
人力资源主管意见：			

2021 年已悄然过去了，展望 2022 年的工作，我还是会继续进步，坚持不懈，在自己的工作岗位上发挥自己最大的能力，完成上级派给我的任务和我自己应尽的义务，且带领人力资源小组做好本职工作，保证公司的人力资源供应。

（3）开场白＋主要工作＋解决经验

这种结构模式是为了突出自己一年内工作的重点，将有借鉴意义的工作经验总结分享出去。各部分内容如下：

①开场白。主要交代自己的基本情况，如岗位职责、工作目标等。

②主要工作。这是主体部分，主要说明工作的完成情况，重点突出为企业带来的影响和实际利益，告诉上级自己的价值所在。当然也可以从反面说明，重点书写自己的失误，表示引以为鉴的决心。

③解决经验。总结具体的工作经验和方法，切忌华而不实，分别叙述不同的问题和解决经验，最好具备借鉴性和可操作性。

第7章

HR 思维法，用管理者的视角解决问题

作为一名优秀的 HR，仅将工作着眼于基本的人事事务是不够的，应该发散思维，从整体上了解企业，这样才能明白人力资源部在企业中的整体价值，从而发挥自己的才能，为企业发展助力。

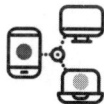

1. 逻辑思维，找到管理问题的关键

逻辑思维是一种常见的思维方式，很多人都听说过，但并未真正具备。逻辑思维是指将思维内容联结、组织在一起的方式或形式。一旦人事工作者具备逻辑思维能力，就能按人事工作的一般规律指导工作开展，这样更有效率，比起凭直觉工作要好太多。

接下来通过一个案例进行说明。

案例实操

运用逻辑思维分析公司的招聘工作

××有限公司 2012 年成立，主要对服装产品进行制作、销售。为了不断发展，抢占该地区市场，2018 年开始转型，将重点生产产品放在鞋帽生产上。不过 2019 年受到地区经济形势的影响，业绩有所下滑。公司决定在 2020 年招聘 1 名销售经理、3 名销售精英和 5 名销售员。

人力资源部非常重视公司此次的招聘，一边熟悉了解相关岗位说明书，一边编辑招聘信息，发布到招聘网上，又开展线下招聘活动，包括校园招聘和人才招聘会。多种渠道并行，在一个月后招到了 3 名销售员和 1 名销售精英。

又过去一个月，虽然人力资源部找到一些合适的人选，不过都没有通过面试，这给人力资源部带来很大的困扰。人事工作者开始思考招聘效果不佳的原因具体是什么？得出可能因素如下：

①招聘信息编写不恰当，导致招聘人选不符合部门主管要求。

②初试与复试的招聘人员不同，标准不一。

③面试问题与面试标准不符。

④简历投递量少，合格简历少。

⑤公司招聘条件高于市场条件，薪酬却低于市场水平。

通过一系列的原因分析，招聘小组觉得前期准备工作有较大失误，所以导致后续这么多的问题，为了纠正这些失误，HR 通过各种逻辑思维方法，找到问题、解决问题。

首先，按流程分析问题，即按照招聘流程：招聘需求→招聘计划→确定渠道→简历筛选→面试→复试，每一个环节都仔细确认，看有没有不妥之处。结果经过确认，招聘小组依照的招聘标准与销售部门的招聘标准有了差异，这也是一直招不到合适人选的主要因素。

其次，通过源头反馈，与部门主管、总经理分别确认后，更加确定了具体需求，总结出彼此的理解差异部分，这样才能制作出符合招聘需求的招聘计划。

通过逻辑思维分析，人力资源部真正了解了招聘部门的需求和互相的认识偏差，找到核心的问题，开始对每个环节进行改进。经过一个月的招聘，完成了销售部门的招聘需求。

可见开展人事工作，逻辑思维能力有多重要，人事工作者不能想到什么就去做什么，而要瞻前顾后，了解各项工作的基本流程以及应该上下沟通的问题，以免前后逻辑不通，浪费时间和精力。

2. 团队合作思维，做好员工关系管理工作

人力资源管理者要想开展各项人事工作，既要得到部门内员工的协作，还要得到其他部门员工的支持，所以作为一个人事工作者应该有团队合作的思维，将与人合作看作是自然的事，才能随时与各部门员工建立良好关系。

从企业整体的管理来讲，让全体员工互相交好、相互协作，必须通过系统的管理体系才能营造一个协调友好的氛围。要对员工关系进行管理，主要从以下 9 方面入手。

（1）劳动关系管理

劳动关系管理主要包括劳动争议处理，员工入职、离职面谈及手续办理，处理员工申诉、人事纠纷和意外事件。人事工作者要熟悉《中华人民共和国劳动法》和《中华人民共和国劳动合同法》的相关内容，能更有准备地与员工交谈。

（2）员工纪律管理

引导员工遵守公司的各项规章制度、劳动纪律，提高员工的组织纪律性。人力资源部要与总经理或管理层一起制定公司基本的规章制度，让制度管人。当然，制定制度要符合一些基本的要求。

①符合基本的法律条款，如上班时间和休假时间的安排不能太苛刻，不能违反法律规定。

②制度要实在，具备可操作性，直接告诉员工哪些可以做，哪些不可以做。

③依据公司现状设置制度内容。

④有奖有罚，用以激励和约束员工。

（3）员工人际关系管理

创造利于员工建立正式人际关系的环境，从员工入职起，无论是 HR、部门主管，还是同部门同事，都应该帮助员工熟悉公司环境，尤其是 HR 应该将公司的基本情况介绍给员工。

（4）沟通管理

要让公司各部门员工能够顺畅地交流，必须建立各种沟通渠道。常见的沟通渠道有联谊会、公司团建、组织会议、聚餐、意见箱、员工反馈机制和投诉机制等。

（5）员工绩效管理

为了保证企业内基本的公平，让员工获得自己应得的报酬，需要制定科学的考评标准和体系，执行合理的考评程序。考评工作既能真实反映员工的工作成绩，又能促进员工工作积极性的发挥。

（6）员工情况管理

人事管理者与部门管理者要懂得关心员工，随时了解员工的情况，组织员工心态、满意度调查，改善员工的福利问题，疏导员工的消极情绪，解决员工关心的问题。

（7）企业文化建设

企业文化是企业价值文化，代表了企业的愿景、文化观念、价值观念、基本精神、道德规范、行为准则和历史传统等，建设积极有效、友好互助的企业文化，能够对员工进行引导，鼓励他们彼此帮助。

（8）服务与支持

为员工提供有关国家法律、法规、公司政策和个人身心等方面的咨询服务，协助员工平衡工作与生活。这是企业人性化的体现，能够从生活上也做到对员工的关心，可从侧面帮助员工认真工作，不被个人私事影响。

（9）员工关系管理培训

组织员工进行人际交往、沟通技巧等方面的培训也是一种交流的手段，可培养员工的集体感，向员工传递团队合作意识。

3. 与员工建立信任关系，成为真正的团队

人力资源管理者要想本部门的成员之间建立团队意识，首先要让员工信任自己，这对开展工作来说非常重要，能让员工相信管理者的决策，让团队成员之间更加默契地完成工作。只有真正成为一个团队，大家才会为了团队利益考虑，提高整体工作效率。

因此，人事管理者要懂得建立和保持团队间的信任关系，具体要做好以下6个方面。

①行事规范。人事管理者要知道员工的信任来自规范和统一，如果总是朝令夕改，办事不遵守规章制度，只会耗费员工的信任，认为公司的规章、上级的命令不过是一纸空文。所以管理者要规范自己，形成自己的办事风格和行事准则；同时，也要要求员工按规章办事，不能让极个别员工搞特殊，否则会失去大多数员工的信任，影响员工关系。

②正直诚信。作为人事管理者，说出口的承诺就要做到，应该给予员工的奖励不能借故推脱，给同事留下正直诚信的好印象，得到同事尊敬的同时，也会得到同事的信任。

③时时沟通。要让员工信任自己，就要经常沟通。管理者可以对员工说出自己的要求，并询问员工对管理者的意见。如果有了问题不及时沟通，员工就会对管理者产生怀疑，导致上令不能下达、意见不能上传。

④适当授权。把部门员工当作合作伙伴，适当放权让员工放手去做，给予员工信任，员工也会回报信任。人事管理者要懂得授权给成员的技巧，给予员工施展自身能力的机会，不仅有利于维护员工关系，还能减轻负担。

⑤提供支持。员工的信任和管理者的支持是有一体两面的，在团队受到外部压力或质疑时，人事管理者若能向团队成员提供支持和帮助，担负起责任，与员工一起处理，一定能得到员工真心跟随。

4. 离职面谈，与员工坦诚相待

离职面谈是指在员工离开公司前与其进行的面谈。从雇主的角度来说，离职面谈的最主要目的是了解员工离职的具体原因，以促进公司不断改进。离职面谈多是由人力资源部负责。

可能很多企业都认为离职面谈没有必要，直接办理离职手续就可以了，其实离职面谈对于企业员工关系管理有非常重要的作用。

①了解员工的真实想法，改进员工关系。

②了解想要离职的员工对于企业各种内部状况的意见和看法，发现公

司管理中的漏洞和不完善之处。

③了解员工离职的真正原因，倾听员工的不满，做到好聚好散，以将其作为备用的人力资源。

④维护企业的形象，若让员工带着不满离开，对企业的形象有一定的损坏。

HR 在进行离职面谈前可以准备一份离职原因调查问卷，来了解员工的离职原因，如下例所示是一份常见的员工离职原因问卷。

案例实操

通过离职原因调查问卷了解员工离职的真正原因

您好！感谢您能够抽出宝贵的时间来填写这份调查问卷，感谢您的支持与配合！您的意见对于公司不断完善起到很重要的作用。

1. 您的性别：

□男　　　　□女

2. 您的年龄：

□ 18 ~ 20 岁　　□ 20 ~ 30 岁　　□ 30 ~ 40 岁　　□ 40 岁以上

3. 您的学历水平：

□高中　　□大专　　□本科　　□硕士　　□博士

4. 您在本单位的工作年限：

□ 6 个月及以下　□ 6 个月 ~ 1 年　□ 1 年 ~ 2 年　□ 2 年以上

5. 您在本单位的月收入水平：

□ 1 000 ~ 2 000 元　□ 2 000 ~ 3 000 元

□ 3 000 ~ 4 000 元　□ 4 000 元以上

6. 家庭住址：

□ 本地　　　□ 外地

7. 您在本单位平均每天的工作时间：

□ 8 小时以内　　□ 8 小时 ~ 10 小时

□ 10 小时 ~ 12 小时　　□ 12 小时以上

8. 您对薪酬福利是否满意？

□ 很不满意　□ 比较不满意　□ 一般　□ 比较满意　□ 很满意

9. 您认为公司的氛围如何？

□ 工作融洽，同事间工作配合度高

□ 一般，问题解决沟通较少

□ 工作氛围压抑，新人不被认可，意见很少采纳

□ 工作氛围差，出现问题总是很难解决

□ 其他想法_____

10. 是什么原因导致您离职的？（个人原因）【多选】

□ 觉得自己不适合这份工作

□ 工作时间过长

□ 交通不便利

□ 回校 / 进修 / 创业

□ 家庭原因

□ 身体不适

□ 其他原因

11. 以下因素中，可能导致您离职的因素有哪些？（公司原因）【多选】

☐公司工作环境

☐与同事之间的人际关系不融洽

☐工作压力大

☐缺乏晋升机会

☐不符合自己的职业生涯规划

☐经常加班

☐缺少信任和尊重

12. 我的工作符合我的性格特征：

☐非常符合　☐比较符合　☐不符合　☐非常不符合

13. 您对公司的管理制度很满意：

☐非常符合　☐比较符合　☐不符合　☐非常不符合

14. 公司经常组织培训：

☐非常符合　☐比较符合　☐不符合　☐非常不符合

15. 您认为公司的薪酬体系是公平的：

☐非常符合　☐比较符合　☐不符合　☐非常不符合

16. 您认为公司组织培训的效果很好：

☐非常符合　☐比较符合　☐不符合　☐非常不符合

17. 您不担心公司会倒闭：

☐非常符合　☐比较符合　☐不符合　☐非常不符合

18. 您认为您的能力在岗位上得到了充分的发挥：

☐非常符合　☐比较符合　☐不符合　☐非常不符合

19. 您认为您的工作与您所获的报酬相匹配：

☐非常符合　☐比较符合　☐不符合　☐非常不符合

20. 您对家庭的依赖感很强：

☐非常符合　☐比较符合　☐不符合　☐非常不符合

问卷调查是离职面谈的辅助工具，可以帮助人事工作者了解员工的离职原因，以便做好准备留住人才或是了解公司存在的问题。进行离职面谈说难也不难，说简单也不简单。

"小罗，你好，一周前我们收到了你的离职申请，所以和你开展了此次对话。"

"嗯，好的。"

"请问你离职的原因是什么呢？"

"没有什么特别的原因，是我个人的问题。"

"嗯，能具体说说吗？"

"不好意思，这是个人的隐私，我不方便说。"

"嗯，好的。"

"嗯。"

"小罗，你有没有想说的？或是对公司的意见和建议？"

"没有，都挺好的。"

上例所示的离职面谈可以说很多人事工作者都遭遇过，没有掌握离职面谈的技巧，无法与员工进行深入交流。

首先，人事工作者要设计好面谈工作的基本流程，按流程推进，流程表见表7-1。

表7-1　离职面谈流程

流　　程	基本操作
准备工作	包括资料准备（员工档案、问题纲领清单等）、确定面谈时间和地点、布置环境
面谈开场	请员工入座，以握手、点头和微笑等开场；自我介绍表明身份，简要阐述本次面谈的话题和目的
开始提问	范围尽量要广，给对方充分的空间表达；深入了解情况，如果对方不拒绝的话；根据离职原因，提出解决办法，尽量挽留员工
面谈结束	感谢对方配合，以握手等方式客气地送对方离开，并祝对方有一个美好的前途，保证对话的友好，维持良好的关系
做好面谈记录	面谈前征求对方意见，如果对方同意做记录，应当于面谈过程中及时做好记录
总　　结	及时整理面谈记录，总结员工的离职原因，安排离职交接手续、推荐就业和提交分析报告

其次，分类询问离职原因，常见的离职原因无非是同事关系、晋升深造机会、企业文化和公司制度等几大方面。人事工作者做好准备工作，事先对员工有所了解，就能从具体的离职原因问起，会有较大收获。

最后根据面谈对象、面谈原因的不同，正确选择沟通目标策略。如某些员工作出离职决定是因为工作中的突发事件，对这类员工首先要对其进行心理辅导，平缓其不满情绪再进行面谈，并以留住员工为面谈目的。

5. 业务思维，给出合理的人力资源解决方案

人力资源部的核心任务就是向公司提供足够的人力资源并管理所有人力资源，所以，人事工作者要培养自己的业务思维，了解公司的基本业务、

业绩以及发展的形势，以便配合公司的业务水平、业务类型，提供相应的人力资源。

人事工作者的业务思维是一种全局思维，不能仅关心公司的业绩上涨还是下跌，还应关注市场和行业的变化形势，掌握全面的市场信息，做好人力资源计划。

（1）洞察行业趋势

行业趋势的变化决定企业发展的方向，人事管理者要想培养自己的业务思维能力，就必须时刻着眼行业信息，可从以下三个渠道获得。

①垂直网站。网站平台集中在某些特定的领域或某种特定的需求，提供有关这个领域或需求的全部深度信息和相关服务，且能让行业人员互相分享知识。图 7-1 所示为教育行业垂直网站平台。

图 7-1　芥末堆教育平台

②行业资深人士。即多与本行业的资深人士沟通，就能时刻掌握行业

的动向，包括企业营销精英、技术研发人员和行业咨询顾问等，这些人是洞察市场趋势甚至带动市场趋势的人。

③市场研究报告。有很多行业龙头企业和市场研究公司会定期生成市场研究报告，HR 可从报告中获得行业有关信息（行业趋势、市场份额和经济情况）。很多数据平台都为我们提供了有关行业报告，下面来了解一些常见的数据平台。

◆ 艾瑞网。

艾瑞网是艾瑞咨询打造的国内首家新经济门户站点，融合更多行业资源，为不同行业内人士提供丰富的产业资讯、数据、报告、专家观点和行业数据库等服务，多方位透析行业发展模式及市场趋势，呈现产业发展的真实路径。从图 7-2 中可以看到艾瑞网首页提供了很多行业热点资讯。

图 7-2 艾瑞网首页

◆ 发现报告网。

发现报告网依托于海量的行业、上市公司及宏观策略等研究报告，采用智能搜索引擎、文档结构化解析和 AI 语义识别等技术，能为金融投资从业人员、研究员、分析师和市场运营师等提供快速、全面、便捷的信息搜索服务。其首页如图 7-3 所示。

图 7-3　发现报告网首页

◆　易观分析。

易观分析覆盖上百个领域，持续积累十余年的 5 000 份行业深度分析，4 000 家互联网创新企业，帮助企业快速把握商机，规避经营风险。其首页免费提供了当月的热门行业报告，如图 7-4 所示。

图 7-4　易观分析首页的限时免费行业报告

◆ 中文互联网数据资讯网。

中文互联网数据资讯网是一个专注于互联网数据研究、互联网数据调研和 IT 数据分析的数据共享平台。其首页如图 7-5 所示。

图 7-5　中文互联网数据资讯网首页

以分析香水行业的行业报告书为例，介绍人事工作者具备市场业务思维的重要性。

案例实操

通过香水行业报告书看业务思维对人事工作者的重要性

某公司是一线城市的香水生产品牌公司，该公司十余年来一直从事香水研发、生产，并打造自己的品牌，已经在全国市场中小有名气，这与公司内部对市场的警觉密不可分。公司的经营策略总是随市场变化而动，且不缺乏市场所需的专业人才。

该公司的人事工作者与营销总监一样具备敏锐的市场思维意识，每年年底都会搜集大量的市场行业报告进行分析，做出相应的计划。

根据《2020 年中国香水行业研究白皮书 1.0》的内容，HR 了解了香水行业的发展趋势，其中有一条引起了注意，如图 7-6 所示。

图 7-6　2020 年中国香水行业研究白皮书 1.0 摘选

该报告内容提出香水行业的其中一项发展趋势便是香水知识的付费，为企业提供了新的利润来源，可以通过知识付费课程提升客户的个人体验，让消费者得到深层次的香水使用体验。

人力资源部在来年立即开启了资深香水品鉴家的人力资源收集，首先是储备相关的人力资源，通过各种渠道筛选，等公司需要的时候就能立即展开招聘活动，及时为企业提供相关人才。

（2）了解产业链

产业链一般指从原材料一直到终端产品制造完成的各生产部门的完整链条。了解了产业链，HR 就能了解企业产品从采购到售后的全貌，并了解各环节的工作重点，以及各环节人员应具备的基本素质，以便对业务有系统的认识。

（3）熟悉主营业务

一个企业，尤其是大型企业，其业务范围可能较广。这种情况下，HR应该了解并熟悉其主营业务，以此了解公司的基本运作，包括主营业务流程、涉及范围和管理方式等，从而提高工作效率。

（4）了解商业模式

商业模式，即企业与企业之间、企业的部门之间乃至企业与顾客之间、与渠道之间存在的各种各样的交易关系和联结方式。HR必须了解企业利润来源的途径、各部门所起的作用以及所需的资源，以便据此提供公司想要的人力资源。

第**8**章

Office 软件，HR 高效工作的神器

　　人事工作者不可避免地要制作一些工作表格，制作各项管理规章和制度，或是草拟合同及报告，这就需要用到 Office 软件。Office 软件操作较为复杂，人事工作者要掌握一些基本的操作技巧才能提高使用效率，进而提高工作效率。

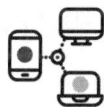

1. 提高 Word 文档的操作效率

人事工作者若要通过 Word 文档来拟定制度、合同或报告，就要懂得 Word 文档的基本操作，熟练运用各种功能才能有效提高工作效率。若是不甚熟练，一篇报告可能就要花费一整天，浪费了宝贵的工作时间。下面来学习一些能有效提高 Word 文档操作效率的技巧。

（1）快速定位到文档开头和结尾

很多时候，人事工作者拟定的 Word 文档常常篇幅较多，为了快速回到文档开头或跳到结尾处，可以使用快捷键帮助我们操作，按【Ctrl+Home】组合键可快速回到文档开始部分，按【Ctrl+End】组合键可直接定位到文档结尾处。

（2）自定义突显颜色

人事工作者若是在拟定总结报告时想要突出显示某项内容，可以自定义突显颜色。在"开始"选项卡"字体"组中单击"以不同颜色突出显示文本"下拉按钮，在弹出的菜单中选择任意颜色项，这里选择"青色"选项，如图 8-1（左）所示。

按【Ctrl+H】组合键，打开"查找和替换"对话框，在"查找"选项卡下的"查找内容"文本框中输入"离职申请单"文本，单击"阅读突出显示 / 全部突出显示"按钮，单击"关闭"按钮，如图 8-1（右）所示。

图 8-1　突出显示"离职申请单"文本

（3）搜狗输入法自定义短语

对于工作中经常书写的固定内容，人事工作者可利用搜狗输入法进行快捷输入设置。单击搜狗输入法图标上的"工具箱"按钮，在弹出的菜单栏中单击"属性设置"按钮，如图 8-2（左）所示。

在"属性设置"对话框中选择"高级"选项卡，单击右侧的"自定义短语设置"按钮，如图 8-2（右）所示。

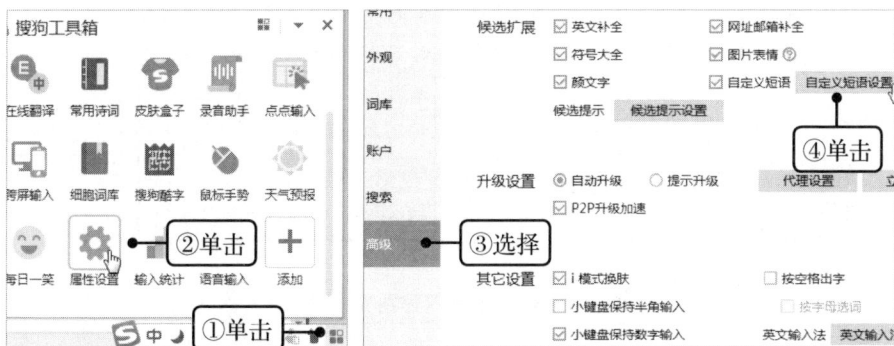

图 8-2　单击"自定义短语设置"按钮

在打开的对话框中单击"添加新定义"按钮，在"添加自定义短语"对话框中的"缩写"文本框内输入"rsb"文本，设置"候选位置"为"1"，在下方文本框中输入具体内容，单击"确定"按钮即可，如图 8-3 所示。

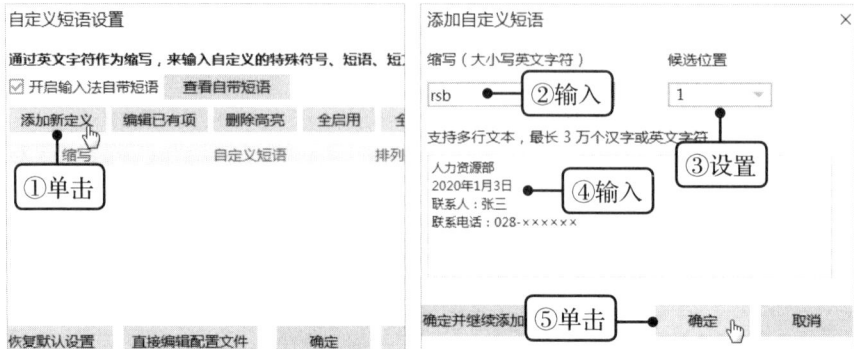

图 8-3　添加自定义短语

设置成功后，只需通过搜狗输入法输入"rsb"，单击第一个选项，即可输入设定好的固定内容，且不限于 Word、Excel、PPT 和网页等，如图 8-4所示。

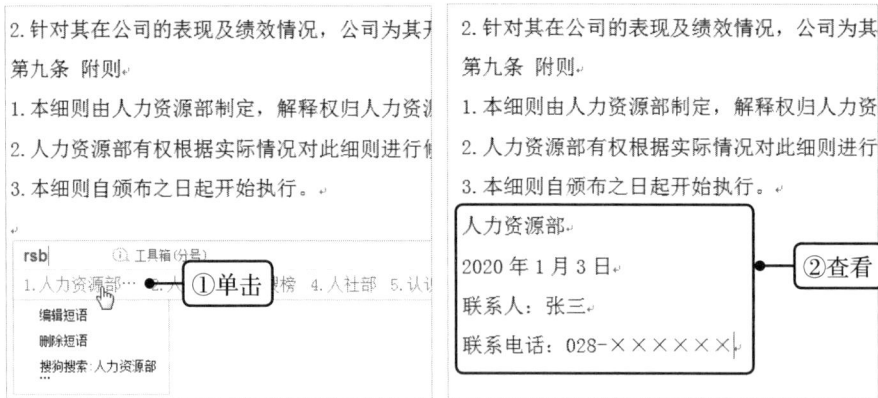

图 8-4　输入设定内容到 Word 文档

（4）设置 Word 模板库

人事工作者平常会用到的各种文书、合同、制度、流程图和表单等，几乎都会重复使用，若是能建立一个对应的模板文档，后续只需稍加修改就可再次使用，可以为我们节约很多的时间。

案例实操

通过 Word 文档建立模板库

打开 Word 文档，在"文件"选项卡下单击"选项"选项卡，在打开的对话框中选择"保存"选项，在右侧的"默认个人模板位置"文本框中输入模板保存地址，单击"确定"按钮，如图 8-5 所示。

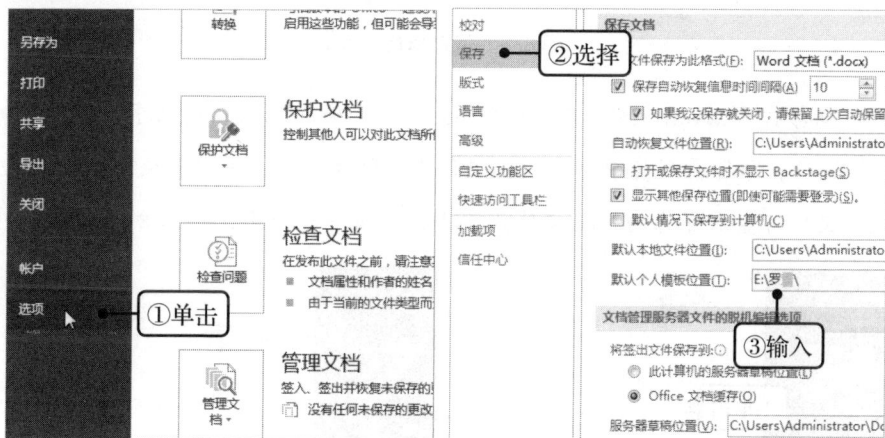

图 8-5 设置"默认个人模板位置"

然后单击"计算机"图标打开文件资源管理器，进入默认个人模板位置所在文件夹，单击"新建文件夹"按钮，输入该类模板文件名，将工作中会使用的模板进行分类，创建分类文件夹并命名，如图 8-6（左）所示。

打开可作为模板的文件，对文件内容进行删减，留下固定格式，在"文件"选项卡下单击"另存为"选项卡，单击"浏览"按钮，进入默认个人模板位置，选择相应文件夹进行保存，如图 8-6（右）所示。

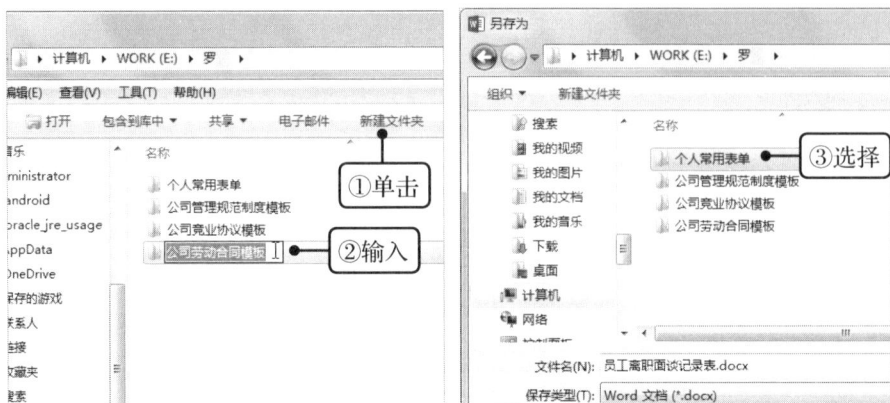

图 8-6　保存模板文件

重新打开 Word 文档，在"文件"选项卡下单击"新建"选项卡，选择"个人"选项，即可看到其中一个模板文件夹已经生效，单击"个人常用表单"文件夹，可查看保存的模板文件，单击该模板即可使用，如图 8-7 所示。

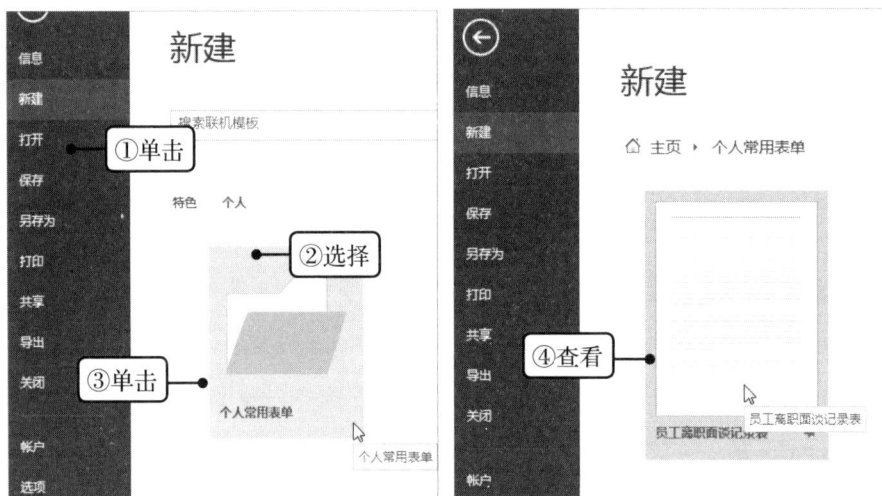

图 8-7　查看保存的模板

（5）快速定位到指定标题

对于内容复杂丰富的文档，若想要快速找到某项内容或某一章节，可以通过导航功能来实现。单击"视图"选项卡，在"显示"组中选中"导航窗格"复选框，此时文档左侧就会出现该文档纲领，单击某章节标题即可快速定位到该标题内容，如图 8-8 所示。（只有设置了大纲级别或标题样式的文档才能运用该功能）

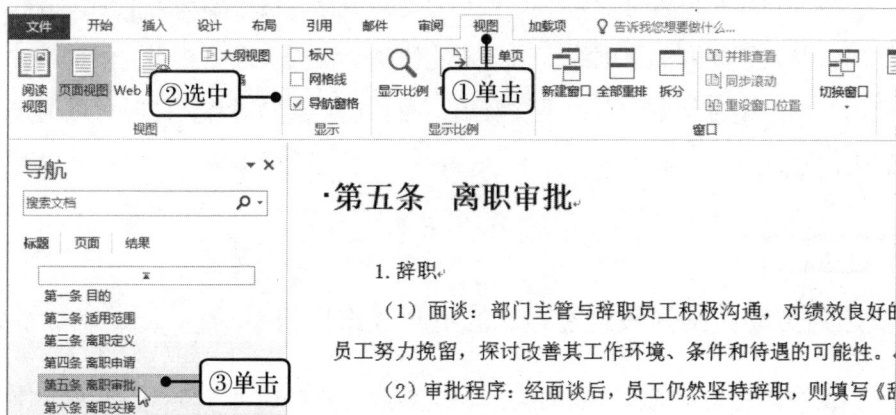

图 8-8　快速定位文档内容

2. 劳动合同中占位符下画线的快速添加

劳动合同是指劳动者与用人单位之间确立劳动关系，明确双方权利和义务的协议。任何企业聘用员工都要与之签订劳动合同，而劳动合同的拟订和制作大都由人力资源部负责。一个合格的人事工作者应该懂得用 Word 制作劳动合同。

在制作合同文档的过程中，都可能出现利用下画线当作占位符，预留一些空白以供他人填写。有些需要多行下画线的末尾相同，有些就只是添加下画线即可。如果逐个添加空格后再单独设置下画线，不仅效率低下，而且排版也不方便。下面就介绍几种添加下画线占位符的快捷方法供大家参考使用。

（1）利用制表位快速添加相同结束位置的下画线

在合同开头位置是合同甲乙双方的基本信息，这里添加的下画线最好添加右侧位置相同的下画线，这样才能使整个合同页面更整齐。但是单独使用空格来设置结束位置，不仅麻烦，而且也不容易对齐，此时可以通过制表位的方式达到这个目的。

案例实操

快速为劳动合同开头设置等长的下画线占位符

在合同文档中选择开头需要添加下画线占位符的文本段落，在标尺上的某个位置（该位置也确定了下画线的长度）双击鼠标左键，如图8-9所示。

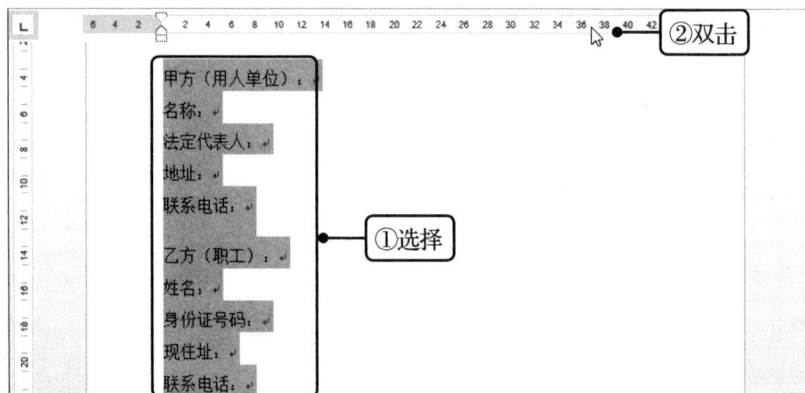

图8-9　选择下画线结束位置

在打开的"制表位"对话框中选中"前导符"栏中的下画线单选按钮，单击"确定"按钮，如图8-10所示。

在返回的文档中将文本插入点定位到需要添加下画线的位置，直接按

【Tab】键输入一个制表符，此时程序自动将输入的制表符加上下画线前导符进行显示，如图 8-11 所示。用相同的方法为其他行输入制表符即可完成下画线的快速添加。

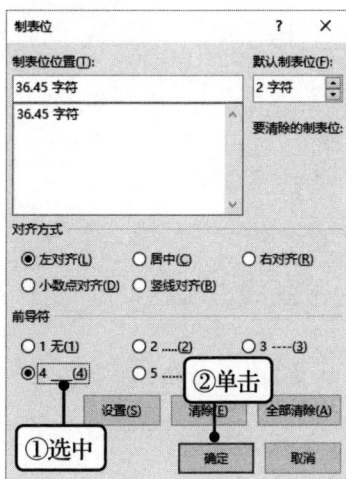

图 8-10　设置下画线为制表符的前导符

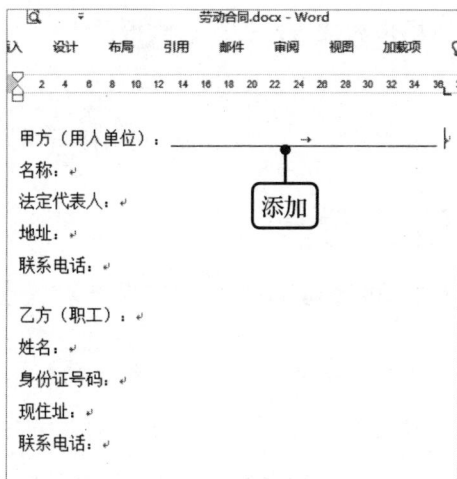

图 8-11　按【Tab】键添加下画线

　　如果觉得下画线的长度不合适，还可以选择所有添加下画线的段落，选择标尺上的制表符，按住鼠标左键不放，左右拖动可以灵活调整下画线的长度。图 8-12 所示为向右拖动制表符的位置增加下画线的长度。

图 8-12　改变制表符的位置调整下画线的长度

（2）将空格替换为下画线

在合同内容的输入过程或者合同末尾甲方和乙方签字盖章的地方，也会有很多地方需要添加下画线来预留手动填写的位置，如果每次都输入空格后再添加下画线，这样很耽误时间，此时可以在录入合同内容的时候，直接输入空格，快速预留手动填写位置，待合同内容输入完后，利用查找替换的方法一次性将所有的空格替换为下画线。

案例实操

将劳动合同文档中的空格一次性替换为下画线占位符

在文档中按【Ctrl+H】组合键打开"查找和替换"对话框，在"查找内容"下拉列表框中输入"{2,}"内容，将文本插入点定位到"替换为"下拉列表框中，单击"更多"按钮，如图8-13所示。

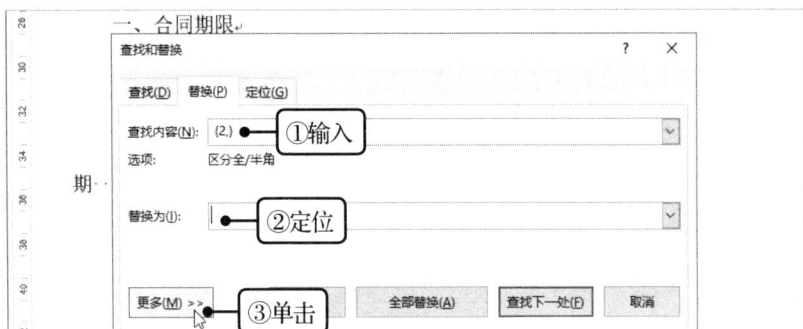

图8-13　设置查找空格

拓展贴士 *查找空格的说明*

在图8-13中设置的"[空格]{2,}"查找内容表示查找两个以上的空格。如果文档中存在一个空格的，此时不会为其添加下画线，只有两个及两个以上的空格才会添加下画线效果。如果用户需要对文档中的所有空格都添加下画线，此时可以直接在查找内容中输入一个空格即可。

在展开的面板中选中"使用通配符"复选框，单击"格式"下拉按钮，选择"字体"命令，在打开的"替换字体"对话框中单击"下画线线型"下拉按钮，在下拉列表框中选择下画线选项，如图 8-14 所示。

图 8-14 设置替换内容

单击"确定"按钮关闭"替换字体"对话框，在返回的对话框中单击"全部替换"按钮执行替换操作，最后关闭对话框，完成所有替换操作。在返回的文档中即可查看到为空格添加下画线的效果，如图 8-15 所示。

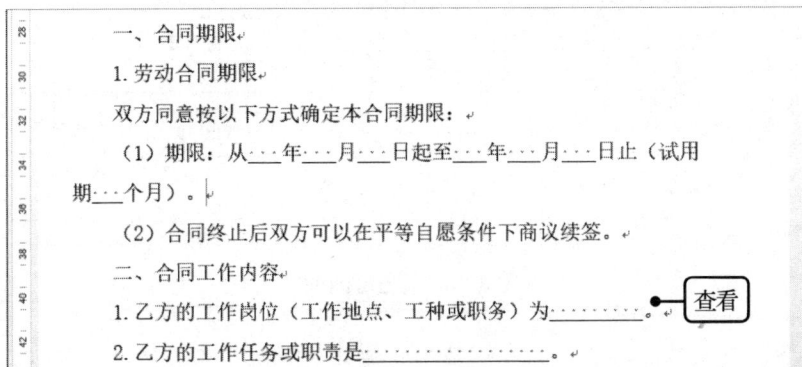

图 8-15 为两个及两个以上的空格添加下画线的效果

3. 将工作表快捷转换成工资条

人事部每月都要根据员工的绩效考核情况制作员工工资表，并以工资条的形式发到员工手中，一来保护员工隐私，二来可让员工核实自己的工资是否正确。人事工作者具体该如何操作呢？请看下例。

案例实操

在 Excel 中将工资表转换成工资条

打开 Excel 工资表，在 K 列设置辅助列，在 K2 单元格输入"序号"文本，然后在下面单元格中依次输入数字 1、2、3、4。然后复制辅助列序号，粘贴到下面紧接着的空白单元格，如图 8-16 所示。

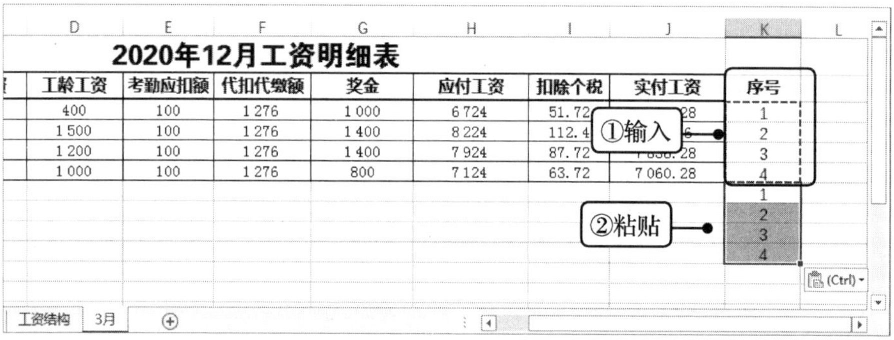

图 8-16 设置辅助列

单击"数据"选项卡，在"排序和筛选"组中单击"排序"按钮，在弹出的对话框中，选中"扩展选定区域"单选按钮，然后单击"排序"按钮，如图 8-17 所示。

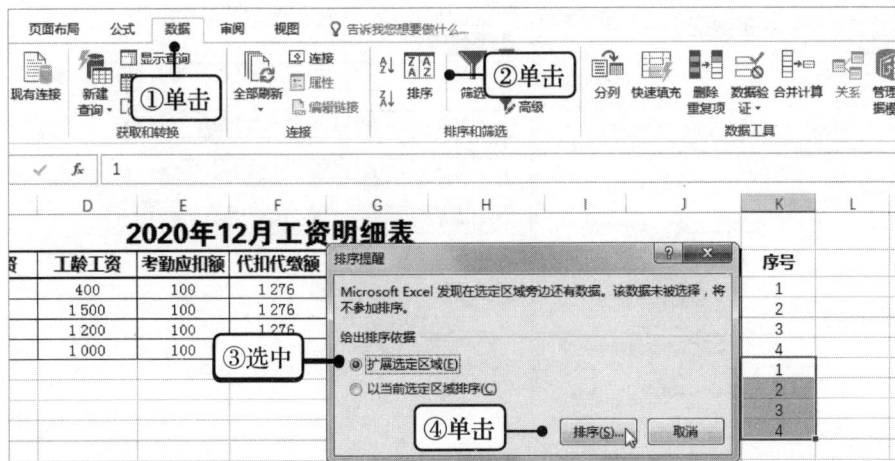

图 8-17 单击"排序"按钮

在弹出的"排序"对话框中单击"主要关键字"后的下拉列表，选择"序号"选项，单击"确定"按钮；按【Ctrl+C】组合键复制工资表标题栏内容，再按【Ctrl+A】组合键全选单元格区域，按【Ctrl+G】组合键，在弹出的"定位"对话框中单击"定位条件"按钮，如图 8-18 所示。

图 8-18 选择"序号"选项

在打开的对话框中选中"空值"单选按钮，单击"确定"按钮，按【Ctrl+V】组合键隔行粘贴，如图 8-19 所示。

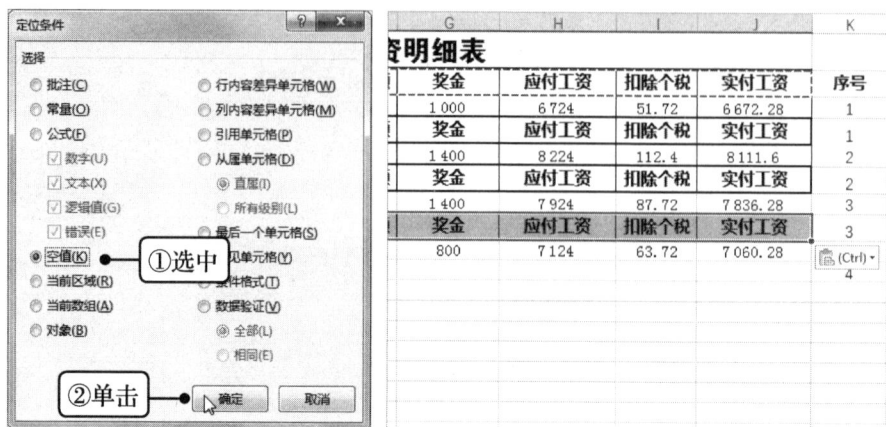

图 8-19　粘贴标题栏内容

然后将序号列删除，就制成了工资条，如图 8-20 所示。

姓名	基本工资	工龄工资	考勤应扣额	代扣代缴额	奖金	应付工资	扣除个税	实付工资
林天浩	6 700	400	100	1 276	1 000	6 724	51.72	6 672.28
姓名	基本工资	工龄工资	考勤应扣额	代扣代缴额	奖金	应付工资		实付工资
李宗林	6 700	1 500	100	1 276	1 400	8 224		8111.6
姓名	基本工资	工龄工资	考勤应扣额	代扣代缴额	奖金	应付工资	扣除个税	实付工资
王红梅	6 700	1 200	100	1 276	1 400	7 924	87.72	7 836.28
姓名	基本工资	工龄工资	考勤应扣额	代扣代缴额	奖金	应付工资	扣除个税	实付工资
胡军	6 700	1 000	100	1 276	800	7 124	63.72	7 060.28

图 8-20　查看工资条

4. 一个公式完成日常考勤统计

员工出勤情况是月末绩效考核的一项标准，一般每月末的时候，各部门会将部门员工的考核情况统一交到人事部。而在此之前人事部需要制作员工考勤表，以便各部门统一记录员工迟到、早退、旷工和请假等情况。通过 Excel 可以快速制作一份考勤表，不仅能记录考勤情况，还可以自动统计考勤。通过下例介绍具体的制作过程。

案例实操

运用 Excel 快速制作考勤表

打开 Excel 工资表，在单元格 A1 中输入考勤年月份，如这里输入"2020年 12 月"，然后分别在单元格 A2、B2、B3 中输入"姓名""星期"和"日期"文本信息，设置对齐方式为居中。在单元格 C3 中输入公式"=A1"，在单元格 D3 中输入公式"=C3+1"，如图 8-21 所示。

图 8-21　输入考勤年月份

选择 D3 单元格，向右填充至 AG 单元格。在 C2 单元格中输入公式"=C3"，向右填充至 AG 单元格。重新选中 C3 单元格，按【Ctrl+Shift+ →】组合键选择"C3:AG3"单元格区域，单击鼠标右键，在弹出的菜单中选择"设置单元格格式"选项，如图 8-22 所示。

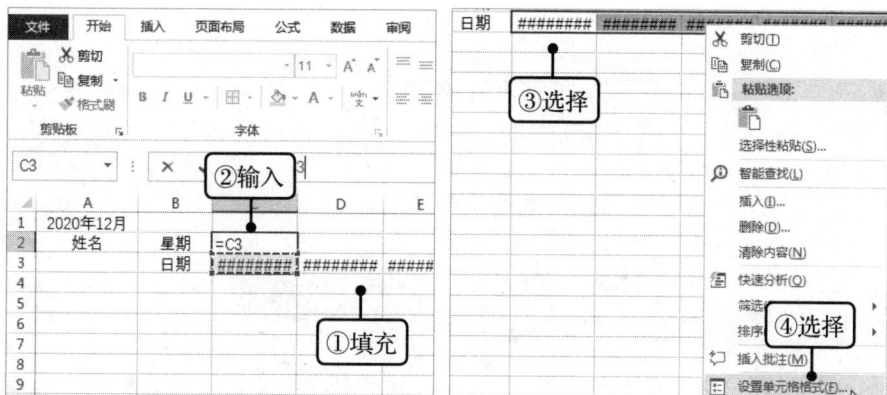

图 8-22　选择"C3:AG3"单元格区域

在打开的对话框中单击"数字"选项卡，在"分类"栏中选择"自定义"选项，在右侧的"类型"栏中输入"d"文本信息，单击"确定"按钮，如图8-23（左）所示。

选择"C2:AG2"单元格区域，单击鼠标右键，在弹出的菜单中选择"设置单元格格式"选项，在打开的对话框中的"数字"选项卡"分类"栏中选择"自定义"选项，在右侧的"类型"栏中输入"aaa"文本信息，单击"确定"按钮，如图8-23（右）所示。

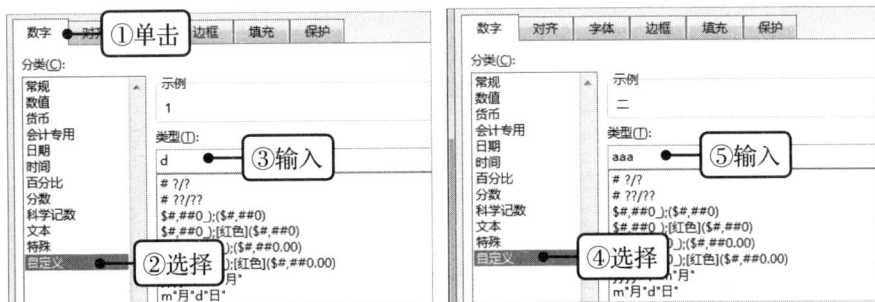

图8-23 设置单元格格式

选择"A2:AG3"单元格区域，设置对齐方式为居中，单击"开始"选项卡下"字体"组中"填充颜色"下拉按钮，选择"浅蓝"选项。选择"A2:AG21"单元格区域，单击"边框"下拉按钮，选择"所有框线"选项，如图8-24所示。

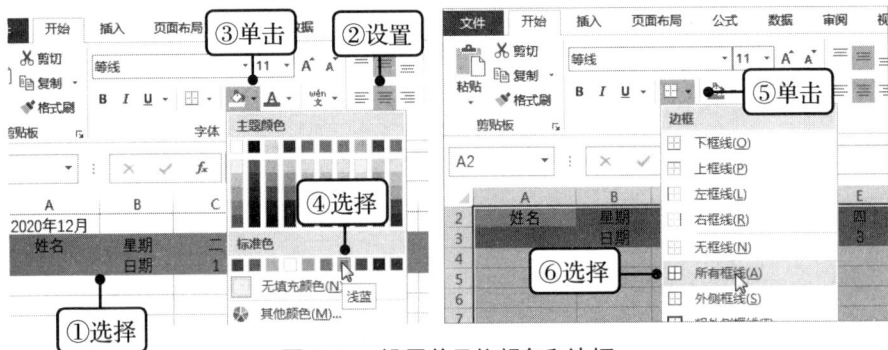

图8-24 设置单元格颜色和边框

保持单元格区域的选中状态，在"单元格"组中单击"格式"下拉按钮，选择"行高"选项，在弹出的对话框中设置行高为"20"，单击"确定"按钮，再对列宽进行设置，如图 8-25 所示。

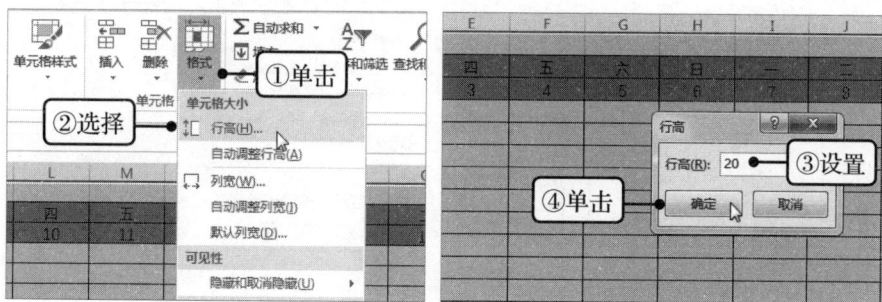

图 8-25 设置行高和列宽

合并"A1:B1"单元格区域，选择"C1:AG1"单元格区域，在"对齐方式"组中单击"合并后居中"按钮，输入"考勤表"文本，如图 8-26 所示。

图 8-26 输入"考勤表"文本

进行到这一步操作，已可在考勤表中自动更新日期，只需修改 A1 单元格的年月份即可。不过，由于不同月份的天数不定，在月份天数少的情况下要想隐藏多余的单元格区域还需另行设置。选择"AE2:AG3"单元格区域，单击"开始"选项卡下"样式"组中"条件格式"下拉按钮，选择"新建规则"选项，在弹出的对话框中的"选择规则类型"栏中选择"使用公式确定要设置格式的单元格"选项，如图 8-27 所示。

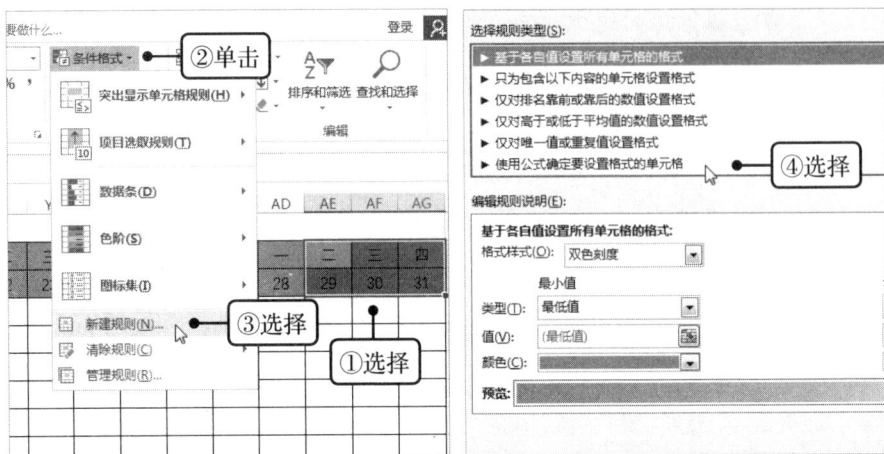

图 8-27　选择"新建规则"选项

在弹出的对话框中的"为符合此公式的值设置格式"栏中输入公式"=MONTH(AE2)>MONTH(AB2)"，单击"格式"按钮，在打开的对话框中的"数字"选项卡下选择"自定义"选项，在右侧的"类型"栏中输入";;;"文本信息，单击"确定"按钮，如图 8-28 所示。

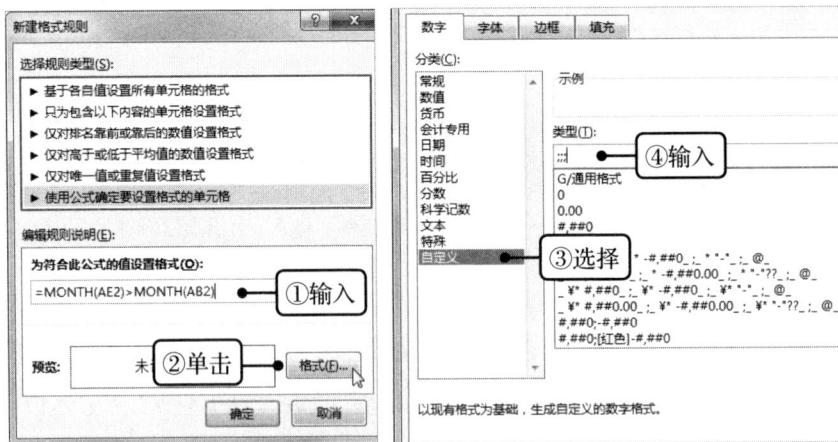

图 8-28　输入公式

合并"AH2:AH3"单元格区域，输入"出勤"文本信息，按相同的操作在后面的单元格输入"迟到""早退""病假""事假""旷工"文本信息，然后分别在单元格 AH1、AI1、AJ1、AK1、AL1 和 AM1 中依次输入"√""●""※""△""○""×"符号信息，如图 8-29（左）所示。

选择"C4:AG21"单元格区域，单击"数据"选项卡，在"数据工具"组中单击"数据验证"下拉按钮，选择"数据验证"选项，如图 8-29（右）所示。

图 8-29 单击"数据验证"下拉按钮

在打开的对话框中的"设置"选项卡下，设置"允许"条件为"序列"，然后单击按钮，选中"AH1:AM1"单元格区域，单击按钮，返回对话框单击"确定"按钮，如图 8-30 所示。

图 8-30 设置数据验证条件

为了方便统计员工的出勤情况，可以依次在出勤、迟到、早退、病假、事假和旷工下方的单元格中输入公式。在 AH4 单元格中输入公式"=COUNTIF(C4:AG21,"√")+AI4+AJ4"，按【Enter】键，如图 8-31 所示。

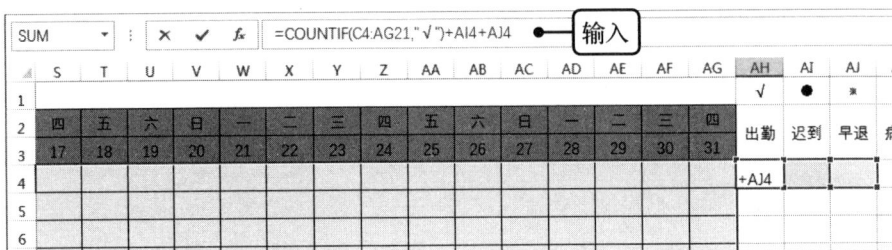

图 8-31　在 AH4 单元格中输入公式

在 AI4 单元格中输入公式"=COUNTIF(C4:AG21,"●")"，按【Enter】键，如图 8-32 所示。

图 8-32　在 AI4 单元格中输入公式

在 AJ4 单元格中输入公式"=COUNTIF(C4:AG21,"※")"，按【Enter】键，如图 8-33 所示。

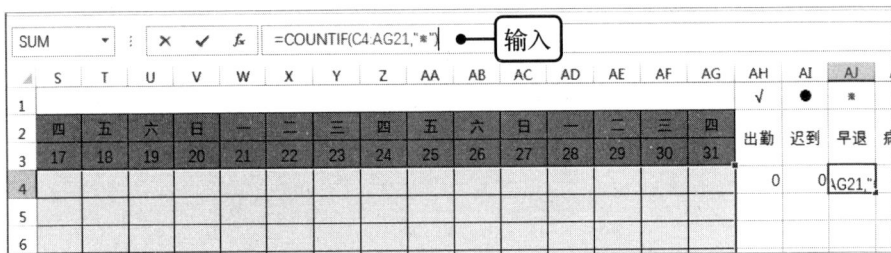

图 8-33　在 AJ4 单元格中输入公式

在 AK4 单元格中输入公式"=COUNTIF(C4:AG21," △ ")"，按【Enter】键，如图 8-34 所示。

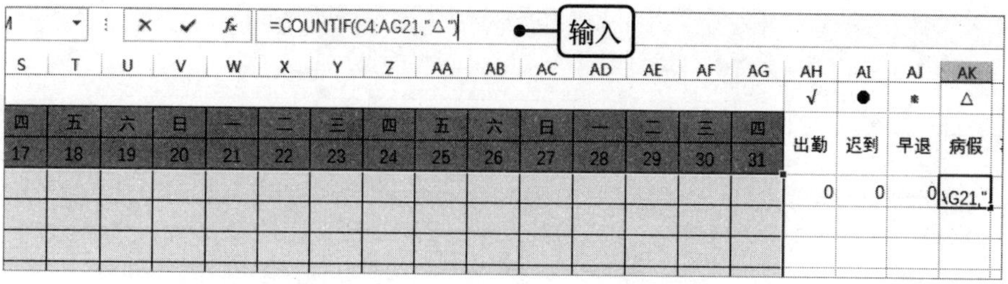

图 8-34 在 AK4 单元格中输入公式

在 AL4 单元格中输入公式"=COUNTIF(C4:AG21," ○ ")"，按【Enter】键，如图 8-35 所示。

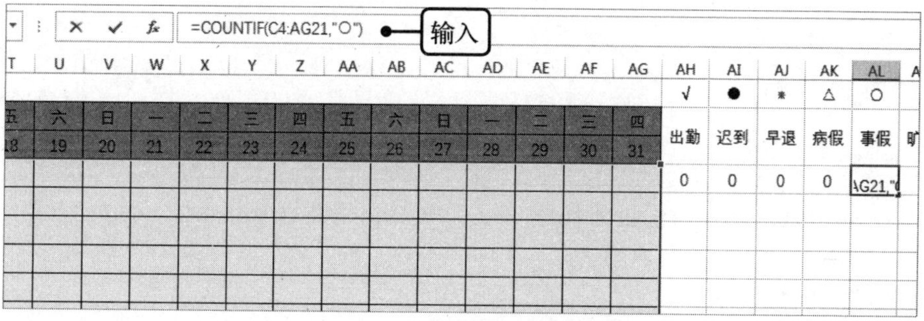

图 8-35 在 AL4 单元格中输入公式

在 AM4 单元格中输入公式"=COUNTIF(C4:AG21," × ")"，按【Enter】键，如图 8-36 所示。

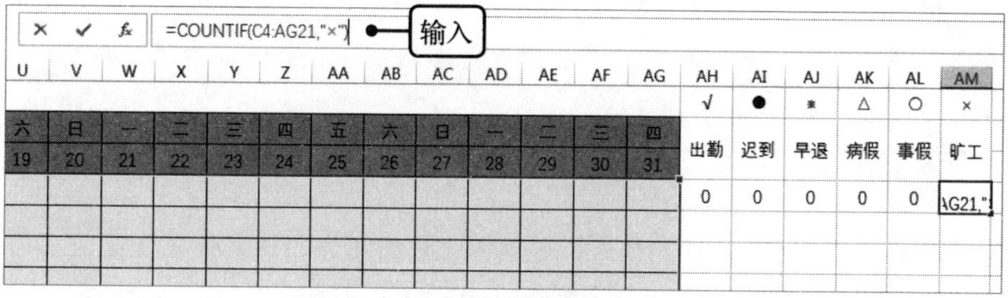

图 8-36 在 AM4 单元格中输入公式

输入公式后，就能得到最终的统计效果，如图8-37所示。

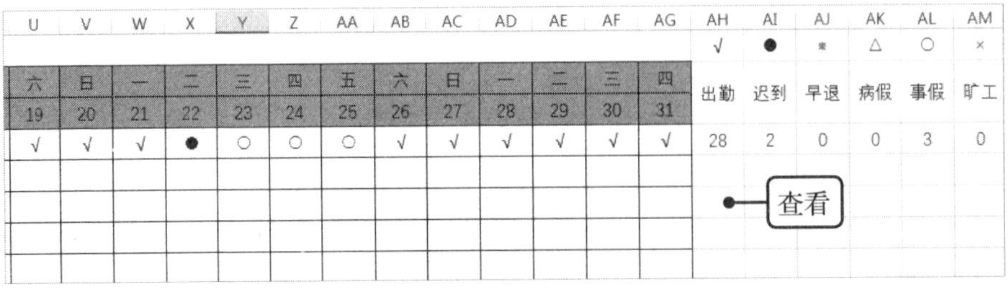

U	V	W	X	Y	Z	AA	AB	AC	AD	AE	AF	AG	AH	AI	AJ	AK	AL	AM
													√	●	※	△	○	×
六	日	一	二	三	四	五	六	日	一	二	三	四	出勤	迟到	早退	病假	事假	旷工
19	20	21	22	23	24	25	26	27	28	29	30	31						
√	○	√	●	○	○	○	√	√	√	√	√	√	28	2	0	0	3	0
														查看				

图 8-37　考勤表最终效果

5. 如何用身份信息统计员工性别及年龄

作为人事工作者，收集和整理员工信息是基本的工作，在输入信息的过程中，很多步骤是可以简化的，只要设置好公式，就可让一项信息关联另一项信息，比如身份证号码就可以关联员工的性别及年龄。

案例实操

在 Excel 中根据身份证号码计算性别和年龄

打开 Excel 表格，输入基本的员工资料，首先在"A1:H1"单元格区域依次输入"姓名""身份证号码""性别""年龄""学历""联系方式""籍贯""毕业院校"创建表头，然后输入员工的姓名和身份证号码，在 C2 单元格中输入公式"=IF(ISEVEN(MID(B2,17,1))," 女 "," 男 ")"，按【Enter】键，即可得出对应员工的性别，如图 8-38（左）所示。

选择 C2 单元格，将鼠标光标移到单元格右下方，当鼠标光标变为"+"形，向下拖动，即可将公式运用到所有员工，如图 8-38（右）所示。

说明：由于身份证号码的倒数第 2 位偶数为女，奇数为男，所以可通过公式来计算男女。

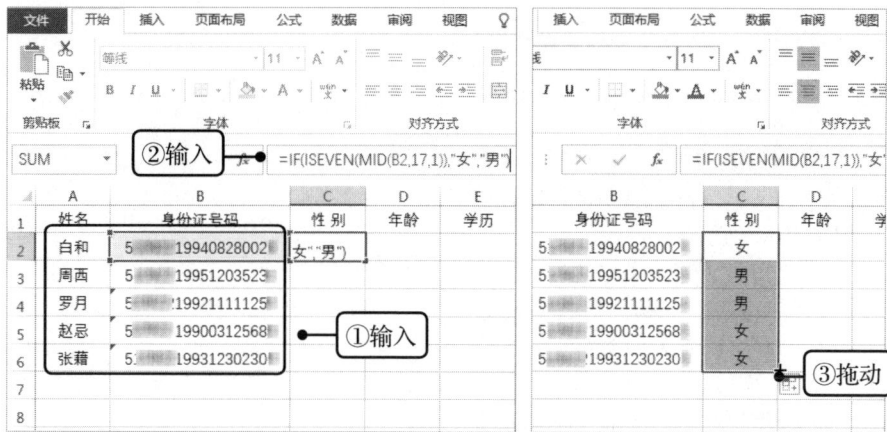

图 8-38　计算员工性别

在 D2 单元格中输入公式"=2020-MID(B2,7,4)"，按【Enter】键，即可得出对应员工的年龄（通过当前年份减身份证号码中提供的出生年份就可计算出员工的年龄了，通过 MID() 函数能够提取相应的数字）。选择 D2 单元格，向下拖动，将公式运用到所有员工，如图 8-39 所示。

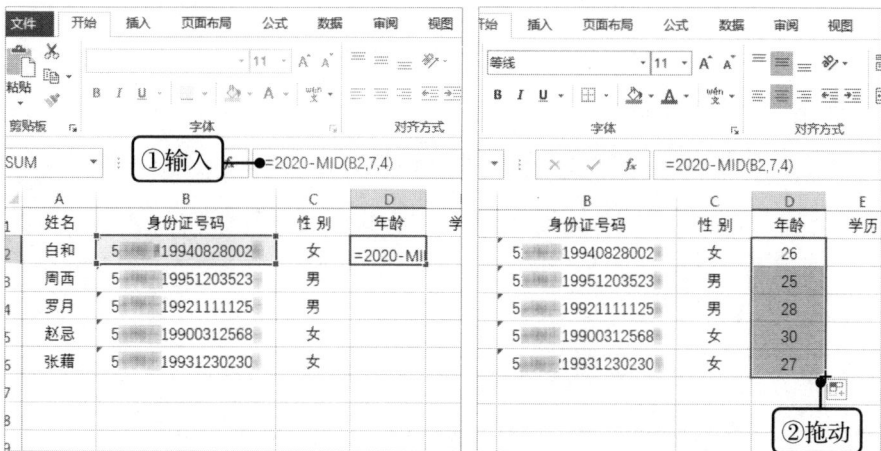

图 8-39　计算年龄

拓展贴士 *Excel 中 F1 到 F12 的快捷键功能*

Excel 中快捷键的运用可以有效提高我们的办公效率，人事工作者应该知道从 F1 到 F12 这些基本功能键的作用。

F1：在 Excel 表格中按【F1】功能键，可以打开"帮助"对话框。

F2：可编辑单元格，选中单元格后按【F2】功能键，即可编辑该单元格内容（与双击鼠标可达到同样的目的）

F3：粘贴名称，在 Excel 表格中，可对要用到的数据定义名称，在使用时按【F3】功能键，就会弹出"粘贴名称"对话框，对所用名称进行选择。

F4：重复上一步操作，选中下一单元格，按【F4】功能键就能重复运用上一单元格的操作。

F5：快速定位，按【F5】功能键，可以直接打开"定位"对话框，在"引用位置"栏中输入单元格区域，即可快速选中该单元格区域。

F6：功能区切换，按【F6】功能键，再按左右方向键，可在窗口底部功能区来回切换，选择后按【Enter】键即可进入该功能区。（与 F10 功能键类似）

F7：拼写检测，按【F7】功能键可打开"拼写检查"对话框，对单元格中的英语单词进行检测。

F8：选定单元格后，按【F8】功能键即可进入扩展模式，通过鼠标点击可扩展选择的单元格区域。

F9：公式转数值，按【F9】功能键可以将公式运算转变成数值运算。

F10：选择菜单栏或同时关闭打开的菜单或子菜单，当需要选择菜单项时，可通过按品【F10】键代替鼠标选择；当需要关闭打开的菜单或子菜单时，按【10】键可快速关闭。

F11：一键创建图表，选中数据区域，按【F11】功能键，即可在单独的图表工作表中自动创建图表。

F12：另存为快捷键，按【F12】功能键可直接打开"另存为"对话框，将文件进行保存，是最常用的快捷键。

6. 统一每张幻灯片的格式就这么简单

　　作为人事工作者，大部分时间处理的文件都是文档型规章制度或者表格型的各种档案报表。但是其中也有部分工作会涉及 PPT 的制作，如制作会议报告、工作报告等。

　　对于制作的各种 PPT 文件，最好要有统一的风格，对于每张幻灯片的标题和内容等文本，都要有统一的格式，这样才能体现专业、严谨的工作风格。图 8-40 所示为统一风格的 PPT 文件的视觉效果欣赏。

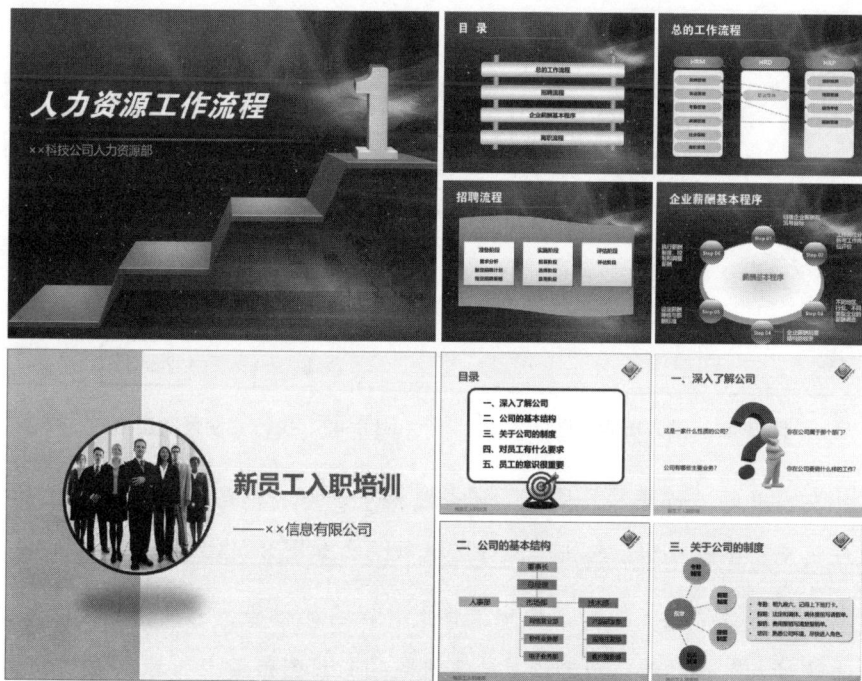

图 8-40　统一风格的幻灯片效果

对于这种统一风格和格式的幻灯片的制作，此时千万不要一张张地设置与制作，这样会浪费大量的时间，降低工作效率。直接使用 PowerPoint 软件中提供的幻灯片母版功能就能轻松解决问题，提高工作效率。下面具体介绍用母版快速统一每张幻灯片的风格和效果的相关操作方法。

案例实操

用母版制作统一风格的工作 PPT 模板

新建一个空白演示文稿，在"视图"选项卡"母版视图"组中单击"幻灯片母版"按钮，进入到幻灯片母版视图，如图 8-41 所示。

在右侧的任务窗格中选择主母版，在其上右击，选择"设置背景格式"命令，如图 8-42 所示。

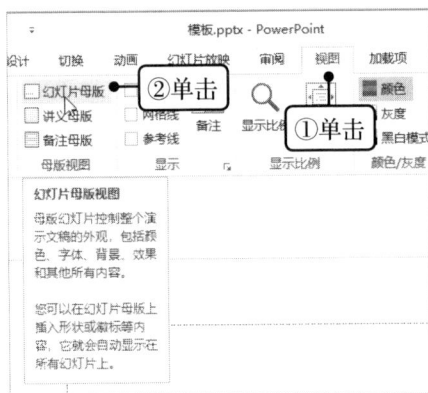

图 8-41　进入母版视图　　　图 8-42　执行"设置背景格式"命令

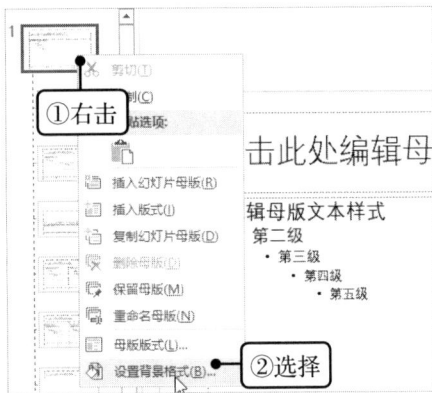

在打开的"设置背景格式"任务窗格中选中"填充"栏中的"图片或纹理填充"单选按钮，单击"文件"选项卡，如图 8-43 所示。

在打开的"插入"对话框中选择图片保存的位置，选择需要的图片，单击"插入"按钮将该图片设置为主母版的背景图格式，如图 8-44 所示。

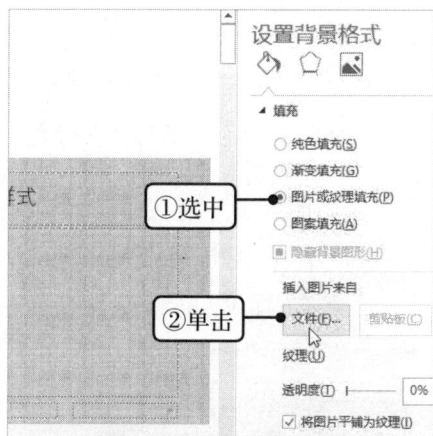

图 8-43　单击"文件"按钮

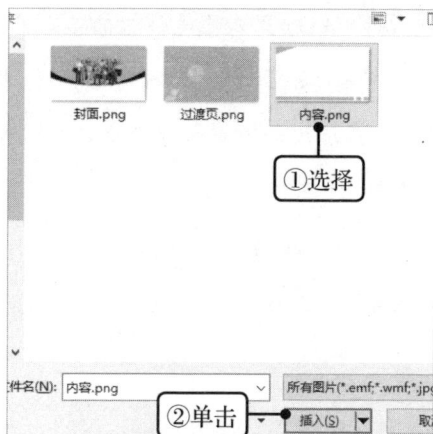

图 8-44　设置背景图片

在返回的界面中分别选择主母版中的标题和正文占位符，为其设置相应的字体格式，并将占位符调整到合适的位置，完成主母版版式的设置，如图 8-45 所示。

选择标题幻灯片母版，这是演示文稿的封面效果，将封面背景图设置为该母版的背景图，并设置其中占位符的字体格式和位置完成标题母版的设置，如图 8-46 所示。通常封面页和结束页版式为了形成统一，都会采用相同的背景效果，就不必单独制作结束页母版。

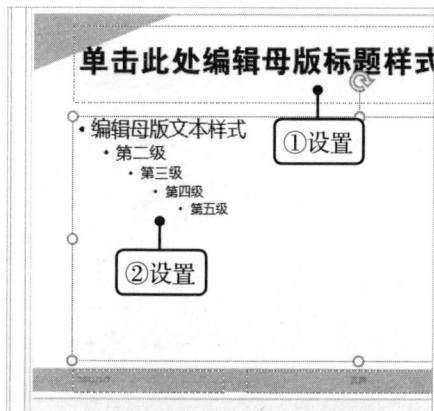

图 8-45　设置母版占位符文本

图 8-46　制作封面效果

对于幻灯片内容比较多的，为了区分章节内容，通常也会增加过渡页，这里需要单独新建过渡页母版，直接将文本插入点定位到标题母版下方，右击，在弹出的快捷菜单中选择"插入版式"命令即可插入一张幻灯片母版，如图 8-47 所示。

在插入的版式上右击，执行"重命名版式"命令打开"重命名版式"对话框，在其中输入"过渡页"文本后单击"重命名"按钮，如图 8-48 所示。

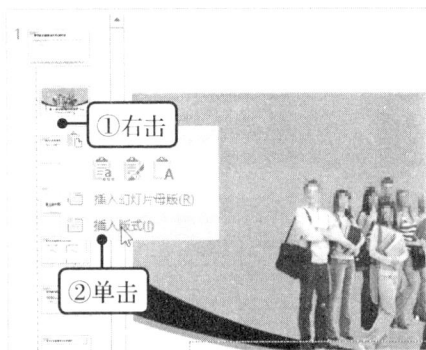

图 8-47　执行"插入版式"命令

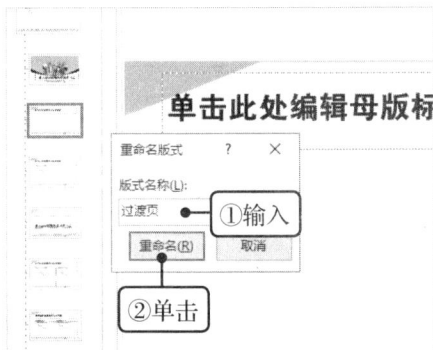

图 8-48　重命名母版名称

将过渡页图片设置为过渡页版式的背景效果，并调整其中的文本占位符到合适的位置，完成该母版的制作，如图 8-49 所示。

最后在"幻灯片母版"选项卡中单击"关闭母版视图"按钮，退出母版编辑视图，完成所有母版的制作，如图 8-50 所示。

图 8-49　制作过渡页母版

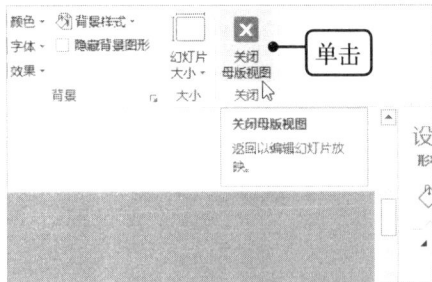

图 8-50　退出母版视图

第9章

互联网时代，善用工具移动协同办公

人事工作者作为职场人士，一定会面对职场中各种各样的烦琐工作，如制作活动海报、发布招聘启事和编写劳动合同等，这些基础而琐碎的工作可能会耗费很多时间，如果懂得借助一些工具，可达到事半功倍的效果。

1. 云端同步协作的在线 Office 工具

互联网工具是现代职场人士不可或缺的办公工具，因其能联通网络，所以可以处理各种各样疑难问题，且各成员之间工作交流也很方便。除了传统的 Office 软件，现如今很多企业都采用了云端 Office 工具，在传统的操作功能上还具备协作办公、云端储存和多人实时编辑等功能，下面来介绍一些常见的云端 Office 工具。

（1）石墨文档

石墨文档是一款支持云端实时协作的企业办公服务软件，可以实现多人同时在同一文档及表格上进行编辑和实时讨论。企业版提供权限分级、数据保护等加强功能。具体见表 9-1。

表 9-1　石墨文档的基本功能（企业版）

功　　能	具体介绍
文档共享与成员管理	可设置多个管理员，且对企业文档的共享成员进行有效管理，即便出现员工离职的情况，也能保证公司的文件资料安全
内外协作自由切换	内部协作：可一键分享文档，并随时随地邀请同事加入管理文档，进行协作 外部协作：企业成员可以对外分享文件，邀请企业外部成员参与文档编辑、修改工作
文件所有权归属企业	企业内部的文件所有权归属于企业，极大地保护企业的商业机密

图 9-1 所示为石墨文档的官网首页。

图 9-1　石墨文档官网首页

（2）金山文档

金山文档是一款可多人实时协作编辑的文档创作工具软件，应用于常见的办公软件，如 Word、Excel 和 PPT。其官网首页如图 9-2 所示。

图 9-2　金山文档官网首页

金山文档提供了多样且全面的功能，具体见表 9-2。

表 9-2　金山文档的基本功能

功　　能	具体介绍
多人协作	可生成文档链接并分享给相关人员查看或编辑
安全控制	可对上传到云端的文件进行加密储存，发起人可设置指定协作人及其使用权限，这样可保证重要数据不丢失
多格式兼容	直接编辑 Office 文件不需要转换格式，支持最大 60M 的 Office 文件
多平台可使用	可通过浏览器创作、编辑文件，支持 Windows、Mac、Android、iOS、网页和微信小程序等各个平台，一个账号能在多个平台上管理文档
智能识别	可智能识别文件来源，搜索文件类型或者关键字，即可在海量文件中找到所需文件

在金山文档中我们能进行哪些操作呢？如下例所示是共享文件的操作。

案例实操

通过金山文档共享文件

打开金山文档首页，单击"进入网页版"按钮，注册登录后单击左侧"新建"按钮，选择"表格"选项制作工资表，在打开的页面中选择工资表模板单击"使用模板"按钮（也可以自行创建空白文档），如图 9-3 所示。

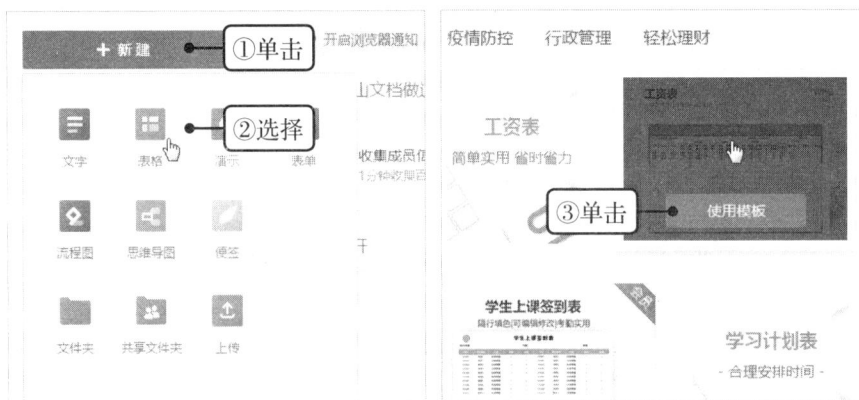

图 9-3　创建表格

运用模板后便可在原有内容的基础上进行修改编辑，完成后单击上方的"协作"选项卡便可选择权限设置方式，如选择"列权限"选项，选择"实发工资"列即可对该列设置协作权限，在左侧窗格设置可编辑人员和仅查看人员，单击"完成编辑"按钮。单击右上角的"分享"按钮可将该表格文档分享出去，如图9-4所示。

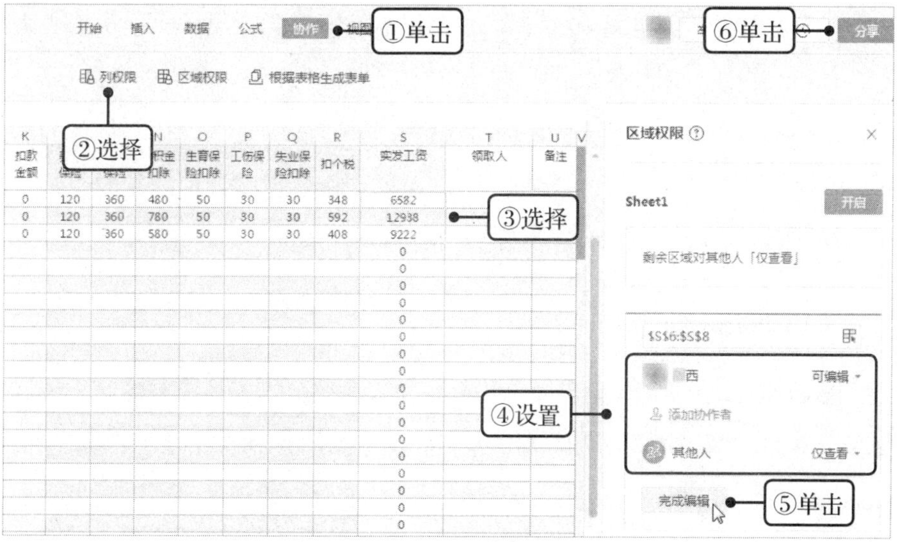

图9-4 设置权限范围

打开"分享"对话框，选择分享范围，如这里选择"仅指定人可查看/编辑"选项，单击"创建并分享"按钮即可分享出去，如图9-5所示。

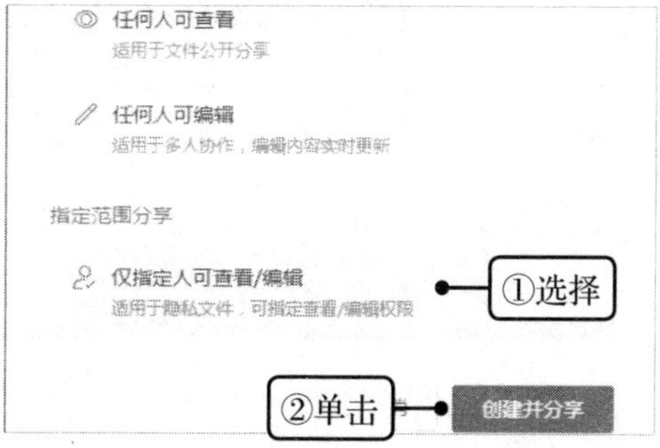

图9-5 分享文件

2. 助力高效办公的企业办公套件

高效办公一直是职场人士追求的，要实现这样的结果，除了员工个人的能力和经验外，还要借助一些辅助工具。人事工作会涉及人力资源规划、招聘、培训、绩效考核管理和员工关系管理等方面的工作，很多具体的活动和工作都需要人力资源部参与，所以人事工作者平常会使用到的工具类型各有不同。下面介绍几种常见并实用的办公软件。

（1）ProcessOn 作图工具

ProcessOn 是一款专业在线作图工具和分享社区，支持流程图、思维导图、原型图、网络拓扑图和 UML 等多种类型图的绘制。除了工具属性外，ProcessOn 也是一个分享社区，用户将自己有价值的知识绘制成图后发布到 ProcessOn 平台上，互相交流。其首页如图 9-6 所示。

图 9-6　ProcessOn 首页

通过该制图工具，人事工作者能够更加快速地制作人力资源设计思维导图、招聘流程图和人才资料思维导图等工作用图，帮助自己梳理思路、保存重要数据，毕竟"一图抵千言"。如下例所示为使用 ProcessOn 制图的基本操作。

案例实操

通过 ProcessOn 制作思维导图

进入 ProcessOn 首页登录后，单击"进入我的文件"超链接，在打开的页面左侧单击"新建"按钮，在弹出的菜单中选择"思维导图"选项即可开始制作思维导图，如图 9-7 所示。

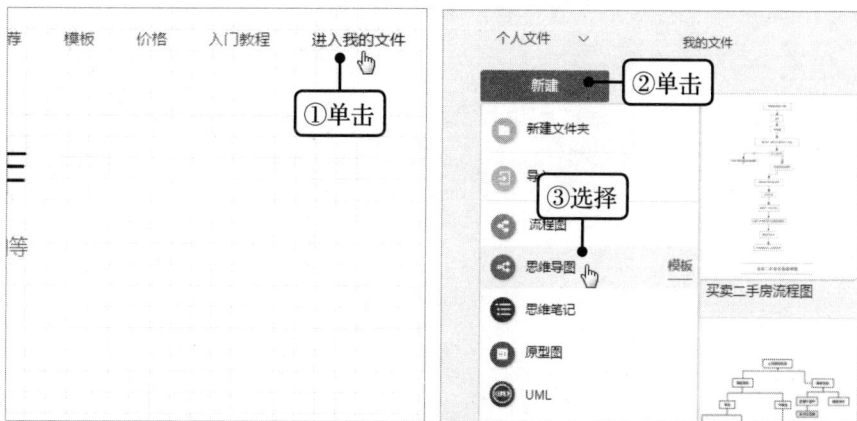

图 9-7　新建思维导图

单击"思维导图"选项后的"模板"超链接即可进入模板搜索页面，在上方搜索框中输入"人力资源"关键字，按【Enter】键，在页面选择符合的思维导图，在打开的页面单击"立即克隆"按钮，即可在该模板基础上进行编辑，如图 9-8 所示。

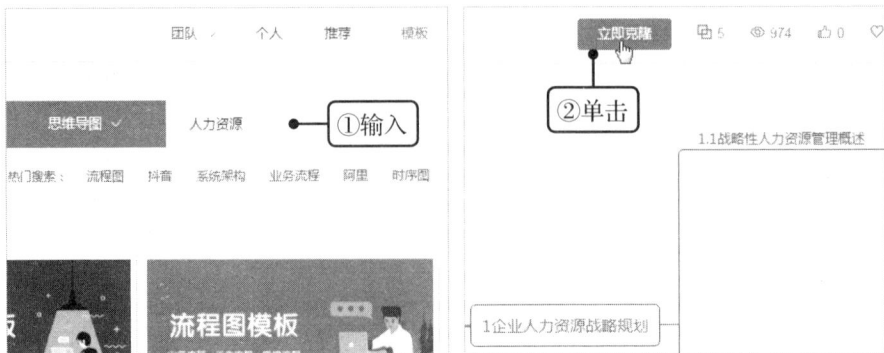

图 9-8　克隆模板

选中多余的版块，右击，在弹出的菜单中选择"删除"选项，或按【Delete】键进行删除。选中内容版块，右击，再选择"插入同级主题"选项，或按【enter】键，就能添加同级未尽善的内容，如图 9-9 所示。

图 9-9　删除内容或添加同级内容

选中内容版块，右击，选择"插入子主题"选项，便可添加下级分支内容。单击页面右上角的　按钮，在打开的窗格中可以对该版块字体及样式进行设置，如图 9-10 所示。

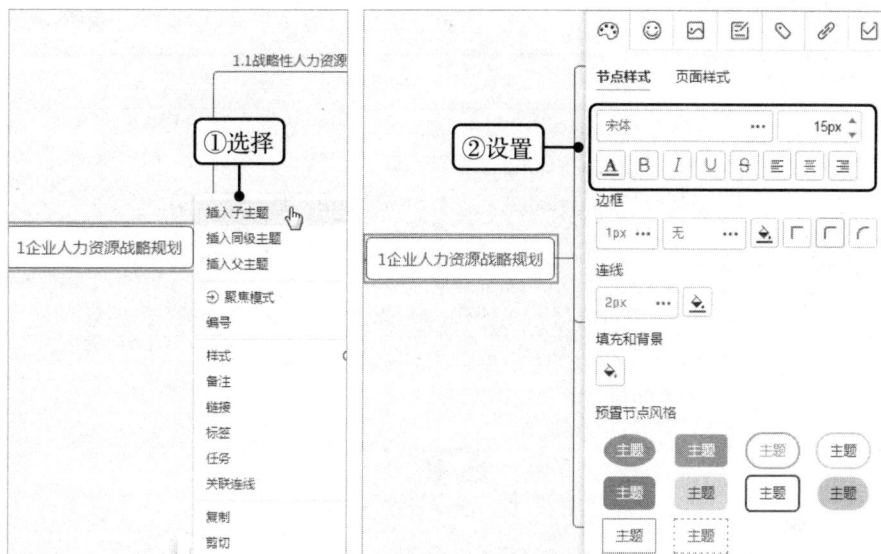

图 9-10　设置版块内容的字体样式

（2）三茅招聘

三茅招聘管理软件是一款招聘管理工具，能帮助 HR 将招聘工作信息化，提高招聘效率。主要功能见表 9-3。

表 9-3　三茅招聘的功能

功　　能	具体介绍
云简历库	①可在软件中保存大量简历，随时查看 ②若有相同候选人，简历可自动合并去重 ③支持批量上传简历 ④可自定义添加招聘网站获取简历
查阅简历	①文件夹与标签双重管理，简历分类明确更好管理 ②支持关键词搜索＋条件筛选 ③统一简历格式，三栏布局，更易查找
规范候选人 跟进流程	①跟进流程兼容性强，适合大多数企业 ②随时了解候选人态度变化，方便进退 ③跟进记录随时可追溯

续表

功　　能	具体介绍
掌握招聘进度	①支持导入用人需求表 ②可为用人需求设置优先级、负责人 ③随时了解招聘进度，查看招聘岗位各阶段候选人数
"一键"简化操作	①可使用模板一键发送面试邀约 ②可一键外呼，不需手动拨号 ③可一键批量上传、转发、移动、贴标签等
面试入职智能提醒	①提供招聘专属日程表，让 HR 的待办事项能一目了然 ②面试智能提醒 ③入职智能提醒
简历共享	①可创建简历共享目录，多人共享简历 ②设置简历对谁可见，灵活设置简历权限范围
简历锁定	①进入招聘流程时简历自动锁定 ②锁定简历只有招聘负责人才能查看（可设置多名负责人）
简历转发	①支持微信、邮件、链接转发 ②用人部门获取转发简历后可直接参与筛选 ③用人部门的筛选结果可自动返回招聘软件

3. 随时随地高效开会的会议工具

大多数人事工作都需要小组合作才能完成，所以免不了以小组或团队的形式开展工作，为了方便小组成员间互相沟通、交流，了解彼此的想法，免不了召开小组会议，所以人事工作者要善于运用视频会议工具，以便随时随地召开会议，高效办公。

（1）腾讯会议

腾讯会议是腾讯云旗下的一款音视频会议产品，具有 300 人在线会议、全平台一键接入、音视频智能降噪、美颜、背景虚化、锁定会议和屏幕水印等功能，并提供实时共享屏幕、支持在线文档协作。图 9-11 所示为其官网首页。

图 9-11　腾讯会议官网首页

（2）Boom 云视频会议

Boom 是一款云视频会议软件，使用量子加密和 DRM 信源加密技术，确保会议内容的本质安全。目前，Boom 的产品线已覆盖手机、电脑、Pad 等终端，能满足用户多元化的音视频会议需求。图 9-12 所示为其官网首页。

图 9-12　Boom 云视频会议官网首页

（3）微信、QQ 群视频功能

在小组成员不多的情况下，我们也可以使用微信、QQ 的群视频功能达到召开视频会议的目的，利用微信、QQ 的社交功能可及时联系到有关人员，及时召开简单的视频会议。

案例实操

通过微信群视频功能召开视频会议

打开微信，单击主界面右上角的"+"按钮，在弹出的菜单中选择"发起群聊"选项，进入"发起群聊"界面，选择参会人员，单击"完成"按钮，即可进入新建群的聊天界面，如图 9-13 所示。

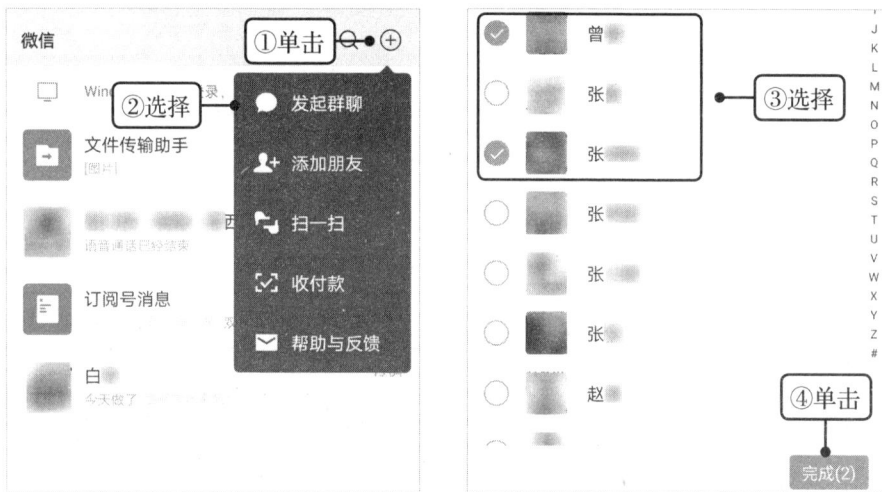

图 9-13　发起群聊

单击 ⊕ 按钮，在弹出的功能框中单击"语音通话"按钮，进入"选择成员"界面，选中参会人员，单击"确定"按钮，如图 9-14 所示。

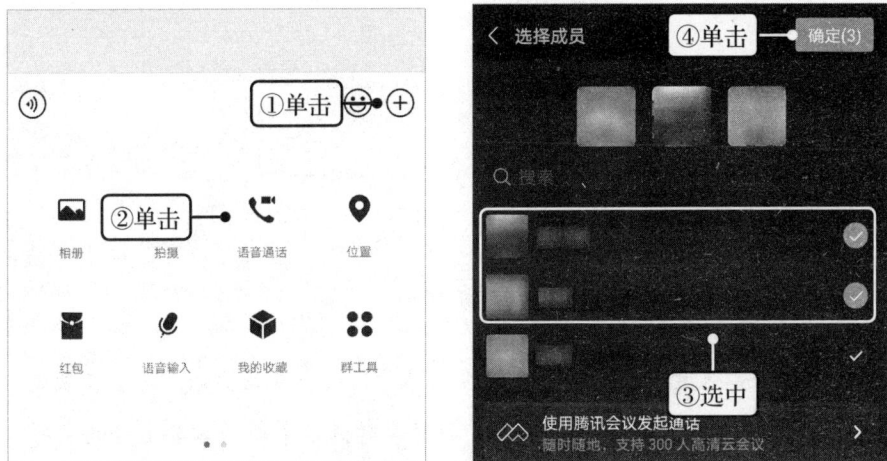

图 9-14 发起群聊视频

进入"等待接听"界面，待对方接听后，单击"打开摄像头"就可以视频开会。

4. 文件存储共享的网盘邮箱

人事工作者在日常工作中有很多工作资料需要进行储存，且需共享给其他同事，这就要借助储存与共享一体的工具来完成我们的工作，如网盘和邮箱。下面分别介绍网盘和邮箱工具。

（1）网盘

作为职场人士，对网盘一定会有所了解，网盘的基本功能就是在线储存功能，让用户在一定的磁盘空间内对文件进行储存、访问、备份和共享等操作。简单来说，就是一个网络上的硬盘或 U 盘，不管你是在家中、企业或其他任何地方，只要联网就可以管理、编辑网盘里的文件，不需要随身携带文件资料，也不怕资料丢失。

我们最常使用的个人网盘工具为百度网盘，下面来介绍一些基本的操作。

案例实操

通过百度网盘储存并分享文件数据

进入百度网盘登录页面登录百度云账号，在打开的页面中单击"上传"按钮，选择"上传文件"选项，在"打开"对话框中选择需要上传的文件，单击"打开"按钮，如图9-15所示。

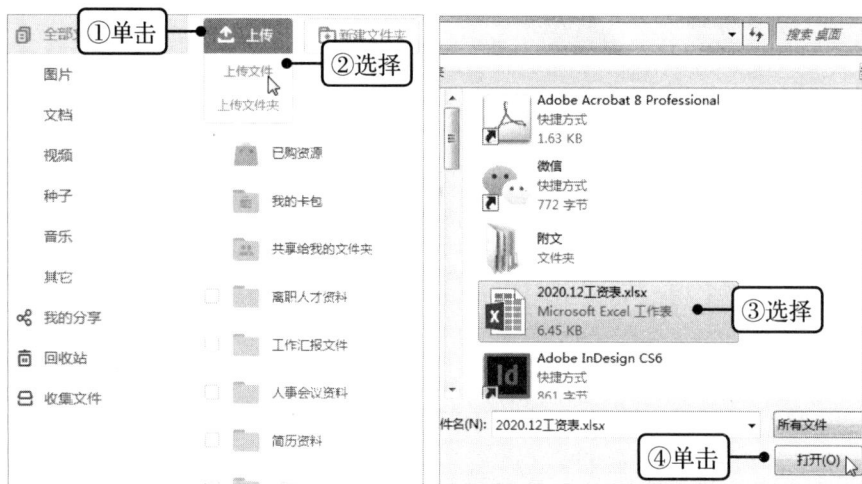

图9-15 选择需要上传的文件

选中该上传文件，单击"···"按钮，在弹出的菜单中选择"移动到"选项，在打开的对话框中选择"每月工作表"选项，单击"确定"按钮，如图9-16所示。

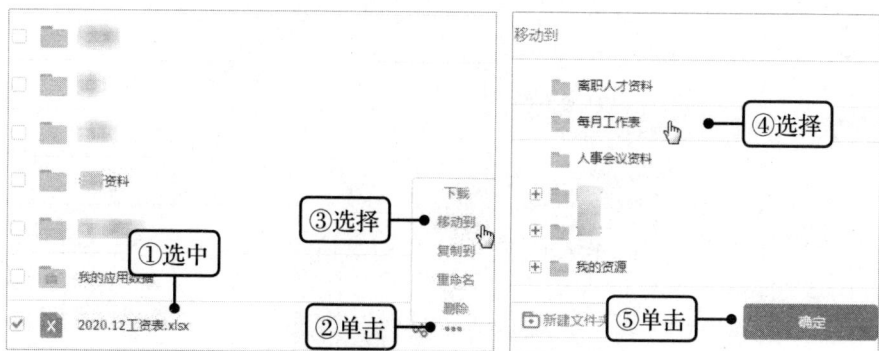

图 9-16　移动上传的文件到指定位置

　　单击该文件后的 按钮，在打开的对话框中提供了两种分享方式，默认设置（即链接分享），单击"创建链接"按钮，在打开的对话框中单击"复制链接及提取码"按钮，通过微信、QQ 发送给同事即可完成分享；也可单击"下载二维码"按钮，将二维码图片发送给同事，如图 9-17 所示。

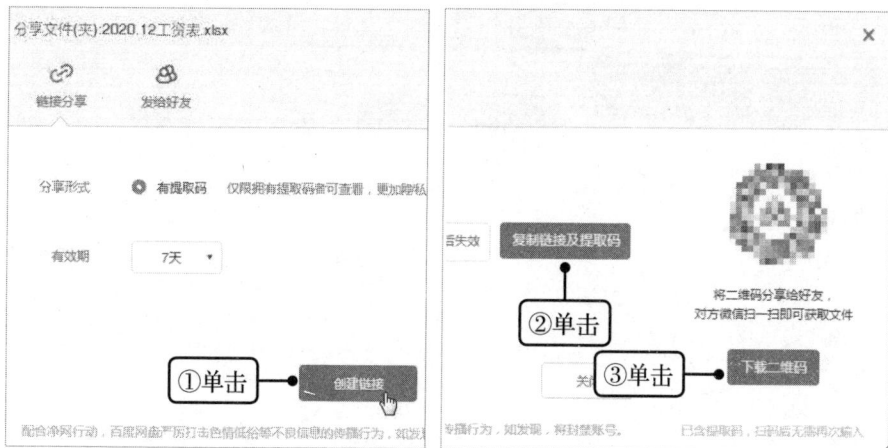

图 9-17　分享文件链接

　　还可以单击"发给好友"选项卡，选择分享群组，输入验证码，单击"分享"按钮即可，如图 9-18 所示。

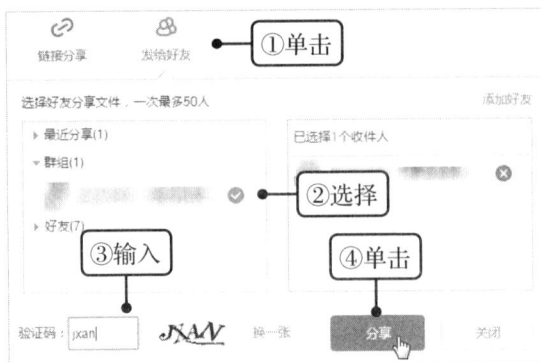

图 9-18　直接发文件给好友

单击页面上方的"分享"超链接，进入分享页面，单击"好友"选项卡，选择分享群组，在右侧单击"分享文件"按钮，如图 9-19 所示。

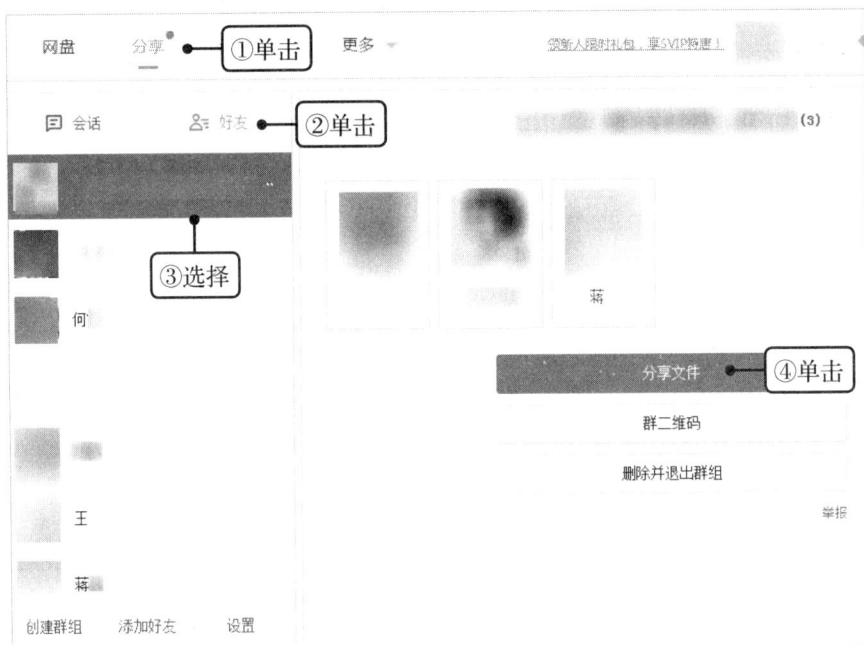

图 9-19　分享文件到群

进入群组聊天界面，单击"分享文件"按钮，在打开的对话框中选择需要分享的文件，单击"确定"按钮，如图 9-20 所示。

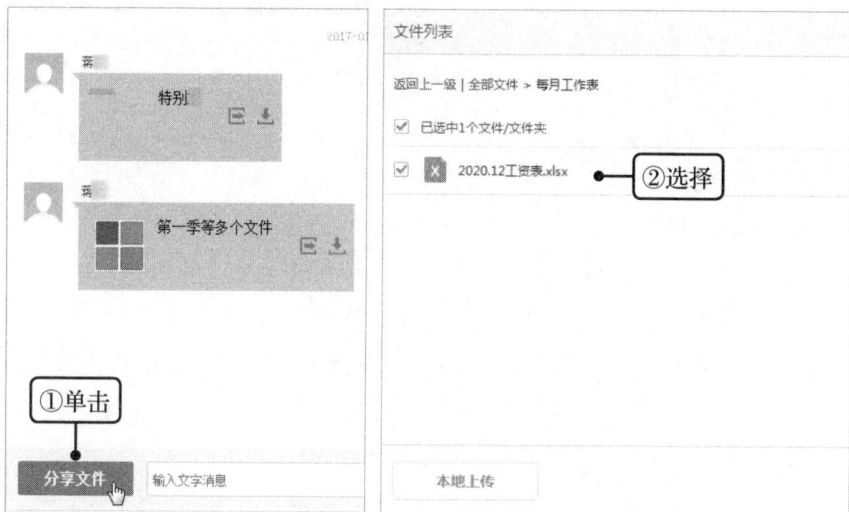

图 9-20　选择分享文件

（2）邮箱

由于 QQ 聊天工具的广泛运用，很多职场人事都会使用 QQ 邮箱来收发邮件，处理工作事项。但其实很多职场人士都忽略了 QQ 邮箱也有存储和分享文件的功能，下面来看看具体的操作。

案例实操

通过 QQ 邮箱储存文件

进入 QQ 邮箱登录页面登录 QQ 邮箱，在打开的页面中单击左侧的"文件中转站"选项卡，然后单击右上角的"上传"按钮即可将文件保存在 QQ 邮箱内，如图 9-21 所示。

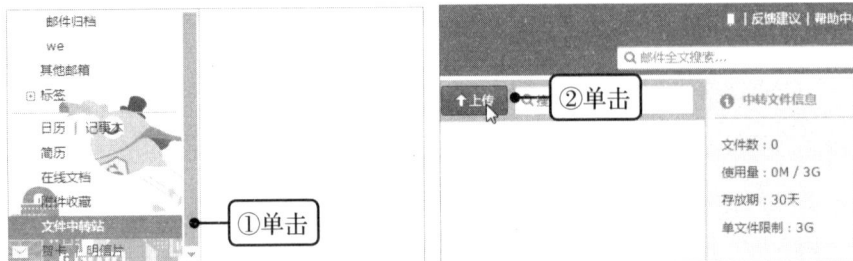

图 9-21　上传文件到文件中转站

QQ 邮箱的文件中转站的内存不高，只有 3G，上传单文件限制也为 3G，免费存放期为 30 天，过期将会失效，可以满足员工短期出差的使用需求。如果想要长期储存文件，选择文件，单击"转存到微云"按钮就能存入微云空间，非常方便，如图 9-22（左）所示。

另外，文件中转站内还可以设置过期提醒，单击页面右侧的"开启"按钮，在文件到期前两天系统会通过邮件进行提醒，如图 9-22（右）所示。

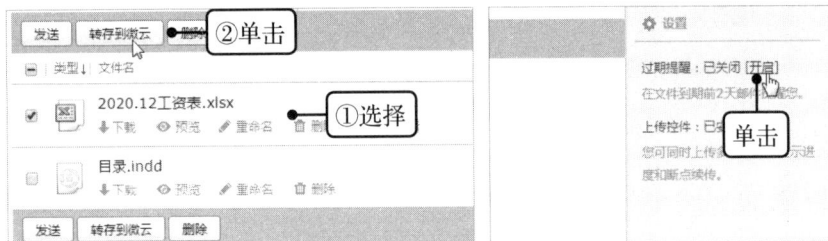

图 9-22　存入微云

5. 新媒体内容编辑工具

有很多企业为了更好地宣传公司，会在公司官网或微信公众号上定期发布公司的有关情况、企业团建活动或是招聘启事，所以有时人事工作者也会负责编辑一些图文内容发布到新媒体上。

为了保证图文内容的美观、可读，人事工作者需要使用到一些新媒体内容编辑工具，下面介绍几种简单好用的工具。

（1）秀米

秀米是一款专门用于微信平台公众号的文章编辑工具，提供了很多原创模板素材，排版风格多样化、个性化，用户可以轻松选择各种格式进行图文排版。其首页如图9-23所示。

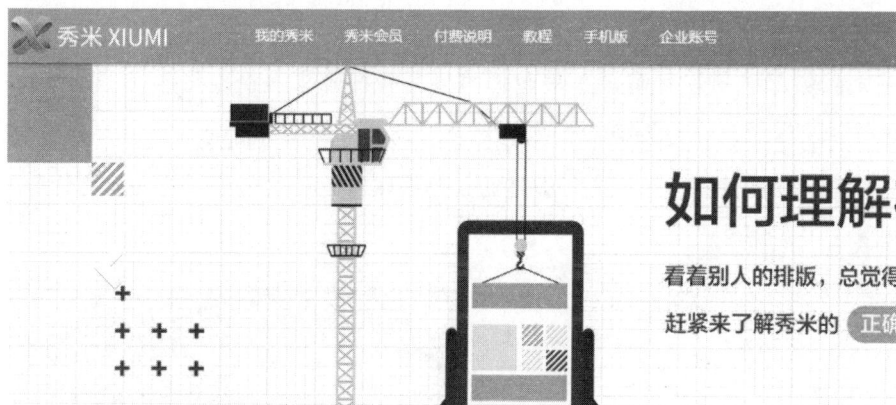

图9-23 秀米官网首页

进入秀米的官网首页就可以在线进行制作和排版了，下面来看看具体的操作吧。

案例实操

秀米编辑器进行图文排版

进入官网首页，单击"新建一个图文"按钮，如图9-24所示。

图 9-24　新建图文

在打开的编辑页面，分为了两个区域，左侧为工具栏，右侧为编辑区。首先我们应该制作封面，在封面栏的标题和描述文本框中输入文字，单击图片框，工具栏会自动跳转到我的图库，选择封面图片即可。单击"标题"选项卡，在提供的模板中选择合适的，单击即可运用，然后修改文本框信息，如图 9-25 所示。

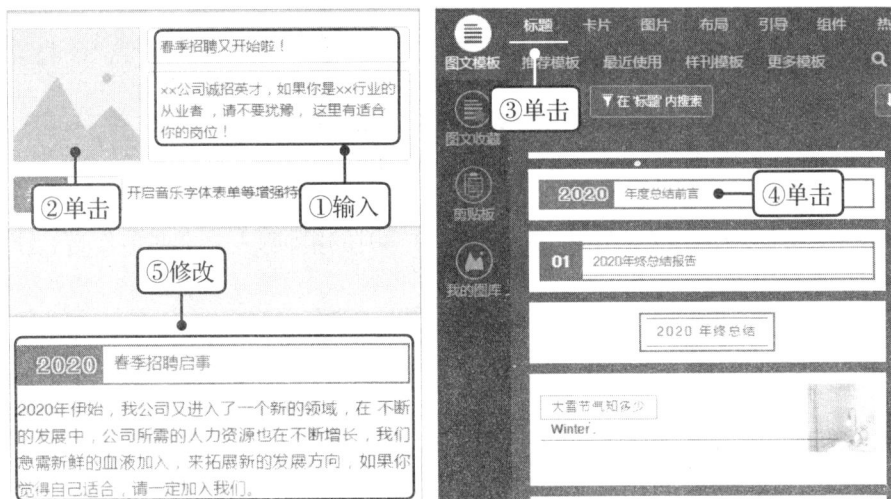

图 9-25　制作封面和标题内容

单击工具栏的"搜索"按钮，在弹出的搜索框中输入"招聘启事"文本，搜索相应模板，选择合适的模板，按顺序单击，便可直接运用在标题文本后，如图 9-26 所示。

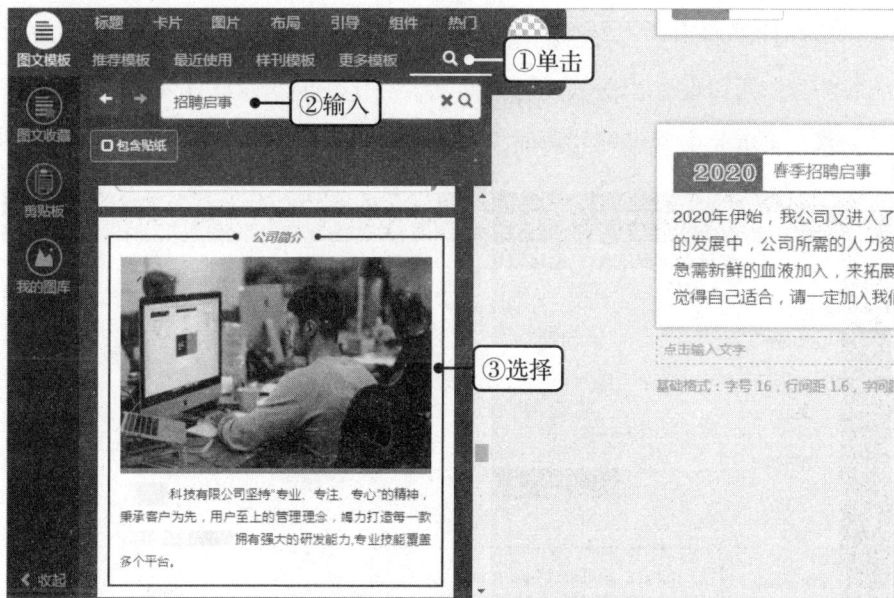

图 9-26　运用正文模板

对模板图片及文字进行修改后，便可单击最上方的"预览"按钮，满意后便单击"复制到微信公众号"按钮，完成此次编辑，如图 9-27 所示。

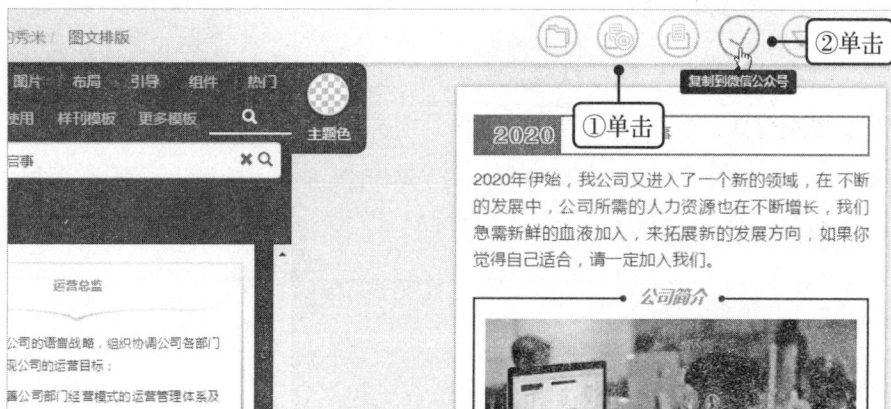

图 9-27　预览并复制招聘启事的全部内容

（2）易点编辑器

易点编辑器是一款简单易用、功能强大的微信公众号内容排版编辑工具，用户可以使用平台提供的素材、样式和模板等设计元素，通过简单的排版创作就可以制作出版式美观的文案，简化我们新媒体操作的基本步骤。其官网首页就是文案编辑的页面，如图9-28所示。

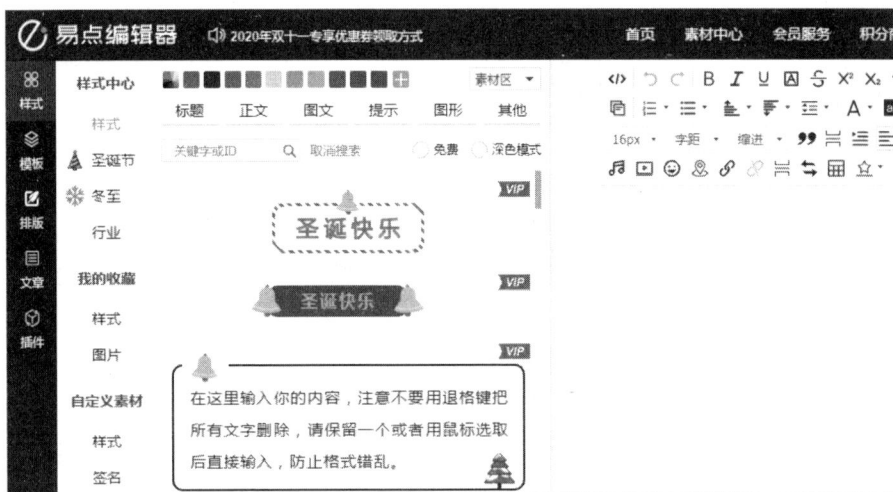

图 9-28　易点编辑器官网首页

（3）西瓜编辑器

西瓜编辑器是一款在线微信编辑器，该平台拥有海量正版素材、模板以及排版样式，支持公众号内容编辑、图文美化、一键排版和实时预览等多个功能。图9-29为其官网首页，分为编辑器页面、模板中心页面和样式中心页面，用户可以随时切换。

图 9-29　西瓜编辑器首页

6. 在线海报制作工具

作为上班族，无论在哪个部门，都可能面临为部门活动制作海报的时候，这种细微的工作不能占用我们太多的时间，所以需要借助一些海报制作工具，这样可以轻松、快速地制作出活动海报，而且不用委托广告公司，为企业节省一些成本。

市面上的海报制作工具数不胜数，下面介绍几种比较常见的。

（1）DesignCap

DesignCap 是国外的一家提供免费制作海报服务的在线工具，平台提供了上百种海报模板，以及不计其数的图片和字体资源。该工具最重要的优点是操作简单，用户可以不懂任何图片修图技巧，几步简单的操作就能完成图片设计，而且支持中文版式，可免费使用。其官网首页如图 9-30 所示。

图 9-30　DesignCap 官网首页

表 9-4 所示为该设计工具的具体优势。

表 9-4　DesignCap 的优势

优　　势	具体介绍
大量精美模板	提供数千个专业模板，用户可轻松制作信息图、海报、传单、PPT、社交媒体图片和其他平面设计
大量图形资源	提供内置字体、形状、海量图片、图表资源，让图片设计更有特色
优美的可视化图表	使用 DesignCap 可将海量数据变为可视化图表，以便查阅
可拆分、合并的模块	提供了数十个精心设计的模块模板，集图片、图表和文字于一体，制作可视化图表更加轻松、快速

（2）创客贴

创客贴是一款多平台（Web、Mobile、Mac 和 Windows）图形编辑和平面设计工具。用户可使用创客贴提供的大量图片、字体和模板等设计元素，通过简单的拖、拉、拽操作就可以制作出需要的设计图片。同时，创客贴提供在线印刷定制业务，设计定稿后即可下单印刷。其官网首页如图9-31所示。

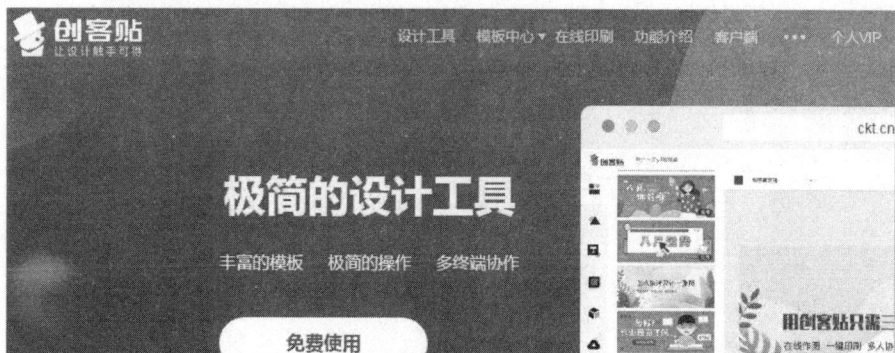

图9-31   创客贴官网首页

下面我们一起来看看通过创客贴设计海报的基本操作。

案例实操

通过创客贴设计招聘海报

在官网单击"免费使用"按钮，在打开页面的搜索框中输入"招聘海报"文本，单击"搜全站"按钮，选择系统提供的海报模板，如图9-32所示。

图9-32   选择海报模板

进入海报编辑页面，选中海报滚动鼠标可以放大或缩小海报比例，适当放大海报比例，单击海报左上角的 logo 图标，在弹出的工具栏中单击"换图"按钮，在本地磁盘中选择企业的 logo 图片进行替换，如图 9-33 所示。

图 9-33　更换企业 logo 图片

单击主题文本框，在上方工具栏单击"特效"按钮，在左侧弹出的菜单中选择"水彩"选项给主题文字运用特效样式，如图 9-34 所示。

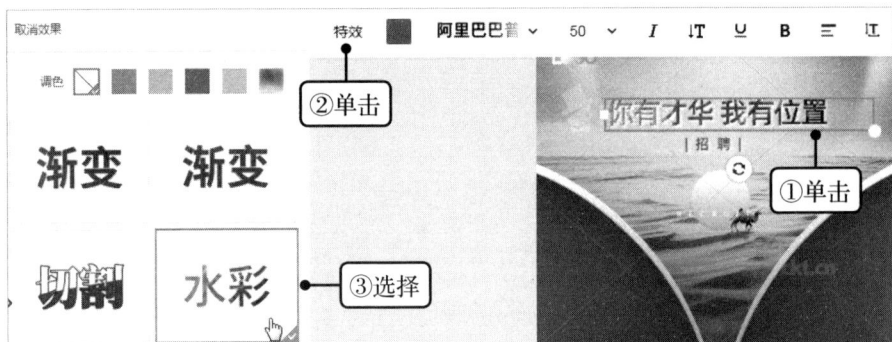

图 9-34　为主题文字运用特效样式

单击"字体"下拉按钮，选择"锐字真言体"选项，移动鼠标到右下角的海报展示框，将海报下半部分定位在展示框内，以便对下半部分的内容进行编辑，如图 9-35 所示。

图9-35　展示海报下半部分

　　选中"招聘岗位"文本框，单击"字号"下拉按钮，选择"20"选项，同样设置"职位要求"的字号为"20"。将鼠标光标定位在文本框内，编辑招聘岗位与职位要求的实际内容，将鼠标光标定位在文本框右下角，拖动可任意改变字体大小，如图9-36所示。

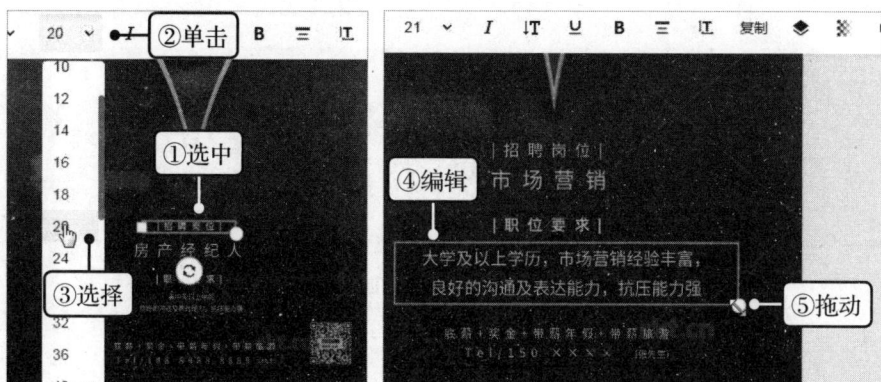

图9-36　修改具体内容

　　修改好薪酬条件和联系方式后，单击页面右上角的"下载"按钮，可对文件类型和使用类型进行设置，如图9-37所示。

图 9-37 下载制作的海报

（3）Fotor 懒设计

Fotor 懒设计是一款多平台图片编辑和平面设计工具。除了提供给广大用户轻便而又全能的图片编辑工具以外，Fotor 的设计功能还能满足中小型创业公司、自媒体、学生团体和个体经营者的平面设计需求。用户可以运用专业设计师制作的模板轻松完成专业水准的平面设计。图 9-38 所示为其官网首页。

图 9-38 Fotor 懒设计官网首页

（4）稿定设计

稿定设计是一款多场景商业视觉在线设计平台，可根据不同场景不同尺寸，创建海量优质模板素材，满足中小型企业、自媒体、学生、电商运营和个体经营者的图片及视频模板设计需求。

其以"场景＋工具"的模式推出了抠图神器——稿定抠图，能够在线AI 人工智能抠图，适合不会使用 PS 又迫切需要抠图的人群。稿定设计的官网首页如图 9-39 所示。

图 9-39　稿定设计官网首页